O HERÓI
DENTRO de VOCÊ

O HERÓI DENTRO de VOCÊ

HISTÓRIAS REAIS DE ATOS HEROICOS

Allan Zullo e Mara Bovsun

Tradução: Marcelo Joazeiro

Novo Conceito

Título original: *The Hero Inside of You*
Copyright © 2007 by Allan Zullo e Mara Bovsun
Copyright © 2008 by Editora Novo Conceito
Todos os direitos reservados

Editora: Bete Abreu
Assistentes Editoriais: Marília Mendes e Sonnini Ruiz
Produtor Gráfico: Samuel Leal
Tradução: Marcelo Joazeiro
Texto dos heróis brasileiros: Odir Cunha
Preparação de Texto: Veridiana Maenaka
Revisão de Texto: Beatriz Simões e Josias Andrade
Diagramação, Editoração e Capa: Lili Tedde
Fotografia: Bill Stevenson / Getty Images

Este livro segue o novo Acordo Ortográfico da Língua Portuguesa

Dados Internacionais de Catalogação na Publicação (CIP)
(Câmara Brasileira do Livro, SP, Brasil)

Zullo, Allan
O herói dentro de você /
Allan Zullo, Mara Bovsun ; tradução Marcelo
Joazeiro. -- São Paulo : Novo Conceito Editora,
2008.

Título original: The hero inside of you.
ISBN 978-85-99560-45-7

1. Coragem 2. Heróis - Biografia 3. Inspiração
I. Bovsun, Mara. II. Título.

08-06413   CDD-920.02

Índices para catálogo sistemático:

1. Heróis : Histórias de vida : Biografia
920.02

Editora Novo Conceito
R. Sansão Alves dos Santos, 102 - cj. 21
04571-090 - São Paulo - SP
Telefones: (11) 5102-4770 e 5102-4834

*Para a cidade de Roseville, fina flor de Illinois;
para Frank Lang, Vic Tworney, Bill Berg, Dan Patch, John Hill, Leonard Arnold e Tink Hoyt,
que serviram a seu país com honra e coragem.*

INTRODUÇÃO

Em nossa época turbulenta, precisamos mais do que nunca de heróis. Afortunadamente, existem heróis por todo lado – e não somente na tela da televisão ou nas arenas de esporte. *O Herói Dentro de Você* apresenta histórias de extraordinários homens, mulheres e crianças – e até bichinhos de estimação – que foram bem além do cumprimento do dever de ajudar os outros. Por exemplo, o homem sem uma perna que enfrentou um incêndio para resgatar uma senhora idosa, o professor que dominou um perturbado homem armado, a avó que saltou sobre um crocodilo para salvar um homem das presas da morte, a universitária que deixou sua confortável vida nos Estados Unidos para cuidar de crianças em favelas na Índia e o cão que virou herói durante o naufrágio do Titanic. Este livro celebra os heróis entre nós – essas corajosas almas que fizeram a coisa certa ignorando o risco.

> *"Heróis abraçam a vida; o mundo se expande, torna-se menos ameaçador e mais promissor pela sua simples existência."*

Noel Annan, educador e historiador inglês

MOCHILEIRO VIRA HERÓI EM AVALANCHE FATAL

No ano de 1999, Kenneth Rutland subia uma perigosa trilha nas montanhas Grouse, em North Vancouver, na Colúmbia Britânica, Canadá, quando ouviu um estrondo que logo se transformou em um aterrador rugido. Era o inconfundível som de uma avalanche. Tomado de horror, ele viu uma parede de neve engolir cinco alpinistas. Quando o deslizamento parou, Rutland, de 38 anos, ouviu gemidos abafados sob a neve e começou a cavar com as próprias mãos. Ao libertar dois alpinistas feridos, ocorreu outra avalanche. Rutland agarrou firme um dos alpinistas e ambos foram levados montanha abaixo até acabarem enterrados sob pesada neve. Exausto, Rutland cavou sua saída daquela prisão gelada e resgatou os outros dois alpinistas. Por sua bravura, Rutland recebeu a Canada's Star of Courage [Estrela da Coragem do Canadá].

Para saber mais sobre a avalanche, leia Star of Courage, *de John Melady (Dundurn Press).*

CAMINHONEIRO PERDE O FREIO, MAS NÃO A CORAGEM

Era o ano de 1981. Quando perdeu os freios de sua carreta de 18 rodas carregada com 26 toneladas de areia, o caminhoneiro Bryan Decker, de 26 anos, estava descendo uma estrada montanhosa perto de San José, na Califórnia. À frente, havia tráfego pesado. Decker tinha um instante para tomar uma grave decisão: bater nos carros adiante e matar muitas pessoas ou virar sua carreta na direção de um penhasco de 90 metros, ocasionando apenas uma morte – a própria. Então, ele virou na direção do penhasco, dizendo a si mesmo: "Melhor morrer só um do que toda aquela gente ali na frente". Quando seu veículo começou a se arrebentar no mato e nas pedras, ele pensou: "É isso aí, cara, você já era". A poucos metros do penhasco, a cabine bateu em uma árvore e parou. Decker sofreu fraturas no quadril e nas costelas, além de um corte na testa. O valente caminhoneiro disse que foi um preço baixo para evitar um sem-número de mortes.

MÉDICO VENCE UMA APOSTA PERIGOSA

Seus colegas riam e diziam que ele estava totalmente enganado, se não maluco, mas o médico australiano Barry Marshall não desistia. Durante anos a comunidade médica afirmava que úlceras estomacais resultavam do excesso de ácido. O doutor Marshall estava certo de que havia outra causa – uma bactéria conhecida como *Helicobacter pylori*, que poderia ser curada rapidamente e a baixo custo com antibióticos. Seus colegas continuaram zombando. Então, em 1984, nosso médico decidiu provar sua teoria usando o próprio corpo: ele engoliu um coquetel contendo uma dose tóxica de *H. pylori*. Ficou muito doente, e, após duas semanas, seu estômago mostrava sinais de úlcera. Começou a tratar-se com antibióticos e logo estava curado. Seus experimentos sacudiram a comunidade científica, mudando a pesquisa e o modo de tratar essa séria doença.

VENDEDOR SALVA MULHER DE UM CARRO EM CHAMAS

Em um frio dia de janeiro de 2002, perto de Knoxville, Maryland, Nancy Hay, de 46 anos, dirigia numa estrada quando perdeu o controle de seu carro e bateu na mureta de proteção, rompendo o tanque de gasolina. As chamas tomaram o carro e Nancy não conseguia escapar. O vendedor Jason Paul Gordon, de 27 anos, testemunhou o acidente e correu até o carro, mas não conseguia atravessar as chamas para abrir a porta do motorista. Ele tentou quebrar a janela com seus punhos – em vão. Daí apareceu alguém com uma pá, com a qual Gordon quebrou a janela e puxou Nancy, segundos antes do fogo tomar todo o interior do carro. Graças à rápida ação de Gordon, a motorista sofreu apenas ferimentos leves.

VELHO CÃO ABANDONADO SALVA CRIANÇA PERDIDA

Após a morte de seu dono em 1972, Brandy, um cão labrador, acabou na rua, sobrevivendo de restos de comida deixados pela população de Middletown, Nova York. Semanas depois, Adam, 18 meses, filho de Sara Whalen, sumiu de casa, ocasionando uma busca frenética. Quando as esperanças pareciam perdidas, ouviram-se latidos incessantes que acabaram levando até Adam, dormindo encostado em uma árvore. À frente dele estava Brandy, esforçando-se para mantê-lo ali – a centímetros de uma queda de 3,5 metros em um riacho abaixo. Autoridades declararam posteriormente que, se Brandy não estivesse lá mantendo Adam junto à árvore, este certamente teria caído e morrido. Sara ficou tão grata, que adotou o cão e criou um santuário, Pets Alive, voltado para a proteção de animais abandonados.

Para mais informações, acesse:
www.petsalive.com

UM HOMEM CONTRA UM VESPEIRO

Em 2002, a população de Pawarenga, Nova Zelândia, estava ameaçada por agressivas vespas que viviam no topo de uma árvore de 25 metros, em um ninho do tamanho de um carro. Após o governo local recusar-se a ajudar, o cidadão Mike Knight tomou para si a tarefa de dar um fim àqueles terríveis insetos. Vestindo uma roupa de mergulhador e uma máscara de apicultor, Knight foi levado de helicóptero até acima da árvore. Preso a uma corda, desceu até conseguir despejar inseticida pelo buraco do vespeiro. Milhares de furiosas vespas saíram e começaram a atacá-lo, cobrindo seu corpo inteiro enquanto o helicóptero o afastava dali. Knight foi levado a um campo onde outros ajudantes o cobriram de inseticida, matando as vespas. Pode parecer loucura, mas os esforços de nosso herói surtiram efeito. As vespas deixaram de ser problema em Pawarenga. Incrível, mas Knight afirma que não sofreu uma ferroada sequer.

INSTRUTOR DE RAPEL
RESGATA SUICIDA

Em janeiro de 2004, Andrew Vince, de 34 anos, instrutor de rapel, fazia uma demonstração voluntária na Tyne Bridge, uma ponte de 27 metros em Nortúmbria, Inglaterra. De repente, ouviram-se gritos vindos do outro extremo da ponte: uma garota tentava se atirar. Vince correu até lá a tempo de ver dois policiais tentando desesperadamente segurar a garota de 19 anos, que escapava de suas mãos. No mesmo instante, Vince amarrou sua corda na lateral da ponte e pulou, agarrando a garota com um braço. Abraçado a ela firmemente, subiu de volta. "Eu estava no lugar certo, na hora certa, com o equipamento certo", disse ele.

ALUNA SALVA COLEGAS DE INCÊNDIO

Em uma noite de janeiro de 2000, quando soou o alarme de incêndio em um dormitório da Seton Hall University, em New Jersey, muitos alunos continuaram deitados, imaginando que fosse um alarme falso. Mas a veterana Dana Christmas, assistente-residente do dormitório, sentiu o cheiro da fumaça. "É pra valer!", gritava ela pelos corredores, batendo nas portas. Em vez de fugir, Dana continuou alertando seus colegas até cair desmaiada por causa da densa fumaça que inalava. Pouco antes de desfalecer, pensou: "Chegou minha hora de ir para o céu". Minutos depois, bombeiros resgataram Dana, que ficou em coma durante meses, com queimaduras em 60% do corpo. Por sorte ela se recuperou e não se arrepende de ter arriscado sua vida. "Como eu poderia deixá-los ali?", disse ela. O incêndio, que as autoridades acreditam ter sido criminoso, matou três e feriu 58, mas o número fatal poderia ter sido bem maior, não fosse o ato de bravura de Dana.

Para mais informações sobre o caso, acesse:
http://www.hesaa.org/index.php?page=dana-christmas-scholarship-for-heroism

UMA ESCOLHA DE VIDA: EVITAR PRISÕES EQUIVOCADAS

Jim McCloskey, bem-sucedido executivo na casa dos 30 anos, chegara à conclusão de que sua vida era "rasa, egoísta, superficial e nada autêntica", o que o levou a largar tudo e tornar-se pastor presbiteriano. Como parte de sua preparação, foi designado para trabalhar na Prisão Estadual de Trenton, New Jersey. Lá, em 1980, conheceu Jorge "Chiefie" De Los Santos, condenado por assassinato e que jurava não tê-lo cometido. McCloskey acreditou nele. Gastando bastante de seu próprio bolso, nosso herói finalmente descobriu o verdadeiro assassino, o qual confessou seu crime. De Los Santos foi libertado, levando McCloskey a criar o Centurion Ministries [Pastores Centuriões], grupo dedicado a provar a inocência de pessoas indiciadas injustamente. Até hoje, dezenas de prisioneiros já receberam ajuda.

Para mais informações, acesse:
www.centurionministries.org

TRANSEUNTE RESGATA SOBREVIVENTE DE QUEDA DE AVIÃO

Em 1982, um avião da Air Florida, partindo de Washington, DC, se espatifou no Rio Potomac, espalhando restos flamejantes, corpos e um punhado de sobreviventes no rio gelado. Uma sobrevivente, Patricia Tirado, de 23 anos, se debatia na água e não conseguia agarrar o cabo lançado por um helicóptero de resgate. Observando o drama da margem do rio, Lenny Skutnik, de 28 anos, funcionário público, não conseguiu ficar ali parado observando aquela mulher morrer. Tirou seu casaco, pulou na água gelada e nadou até Patricia, trazendo-a com segurança de volta à margem. "Percebi que ela não conseguiria, então pulei", explicou nosso herói. O corajoso ato de Skutnik lhe valeu um assento junto à primeira-dama Nancy Reagan no Balanço Anual do Governo no Congresso, quando o presidente Reagan lhe agradeceu publicamente por seu heroísmo.

*"Coragem é morrer de medo...
e encará-lo mesmo assim."*

John Wayne, ator

UM HERÓI HISTÓRICO
Martin Luther King Jr.

Martin Luther King viveu e morreu por um sonho. "Eu tenho um sonho. Sonho que meus quatro filhos um dia viverão em uma nação onde não serão julgados pela cor de sua pele, mas por seu caráter", disse ele em um dos mais emocionantes discursos da história dos Estados Unidos. King era a luz condutora dos movimentos pelos direitos civis durante os anos 1960. Enquanto outros ativistas rufavam os tambores da violência, King pregava a resistência pacífica. Preso, apunhalado, ameaçado e ridicularizado, ele nunca recuou em sua cruzada pela igualdade. Em 1964, com 36 anos, tornou-se o mais jovem laureado com o Prêmio Nobel da Paz. Quatro anos depois, uma bala assassina encerrou sua vida, mas não sua mensagem, que continuou viva. "Tentemos não satisfazer nossa sede de liberdade bebendo do copo de amargura e ódio", disse King. "Devemos sempre conduzir nossa luta segundo o alto plano da dignidade e da disciplina."

Para mais informações, acesse:
www.stanford.edu/group/King

SOLDADO SE JOGA SOBRE GRANADA, SALVANDO COMPANHEIROS

Leslie Bellrichard, de 20 anos, nascido em Janesville, Wisconsin, era um dos 300 soldados norte-americanos que defendiam uma colina na Guerra do Vietnã, em 1967. Em meio à batalha, uma granada foi lançada ao lado de Leslie. Sem tempo de apanhá-la e atirá-la de volta, ele jogou-se sobre a granada, que explodiu, matando-o instantaneamente. Seu ato heroico salvou vários companheiros de uma morte certa ou de ferimentos graves. Naquela noite na colina houve 16 mortos e 63 feridos. Por sacrificar sua vida em prol de outras, Bellrichard e um companheiro, mortos nessa terrível batalha, receberam postumamente a Medalha de Honra. O outro soldado era o sargento Frankie Molnar, que também morreu ao se jogar sobre uma granada.

CROCODILO NÃO FOI PÁREO PARA CORAJOSA VOVÓ

Em uma manhã de 2004, Alicia Sorohan, de 60 anos, dormia em seu acampamento de praia em Bathhurst Bay, Austrália, quando acordou ao som de gritos horripilantes. Ela saiu correndo de sua barraca e viu um crocodilo de aproximadamente 4 metros arrastando pelas pernas Andrew Kerr, de uma tenda vizinha. Alicia pulou sobre a cabeça do crocodilo e bateu nela até o animal soltar Kerr e voltar-se contra ela. Jason, 35 anos, filho de Alicia, logo atirou e matou o réptil. "Apenas fiz o que tinha de fazer", disse a modesta e valente combatente de crocodilos, que fraturou o nariz, quebrou vários dentes e quase perdeu um braço na luta. "Não sou nenhuma heroína." Mas Kerr discordou. "Foi como ver um anjo", disse ele sobre a luta de Alicia contra o crocodilo. Jornais locais começaram a chamá-la de "Crocodile Gran-Dee".*

---

* *Alusão ao filme* Crocodilo Dundee *e trocadilho com* grandmother *(avó).(N. do T.)*

BANHISTA ENFRENTA MAR PARA SALVAR GAROTAS

Em 2002, quando se banhavam na praia de Panama City, Flórida, Jennifer Jackson e Hayden Strickland, ambas com 14 anos, foram engolfadas de súbito por uma forte corrente. Vendo as meninas em perigo, o banhista Jared Williams, de 16 anos, mergulhou para salvá-las. Lutando contra o traiçoeiro refluxo das águas, Jared alcançou primeiro Hayden, conseguindo levá-la de volta à praia. Voltou então para buscar Jennifer, já exausta. Segurando-a com firmeza, nadou paralelamente antes de voltar em linha reta à praia. Nesse momento apareceu uma mulher que, com sua prancha, nadou até eles e tirou Jennifer da água. Graças à corajosa atitude de Jared, ambas as garotas voltaram sãs e salvas para casa.

ADOLESCENTE LEVA ESPERANÇA A CRIANÇAS CARENTES

Em 1990, Shaheen Mistri era uma típica adolescente universitária norte-americana quando visitou Mumbai, na Índia, em viagem de férias. Em vez de visitar pontos turísticos, Mistri foi aos bairros mais pobres e apaixonou-se pelas crianças da região. Suas férias acabaram e ela permaneceu por lá, determinada a ajudar aquelas crianças. No ano seguinte, Mistri abriu seu primeiro centro em Mumbai – uma escola para 15 crianças carentes – e o chamou de Akanksha, que significa "esperança" em híndi. "Eu decidi que apenas começaríamos e aprenderíamos ao longo do caminho", disse ela. Dependente do apoio de voluntários e de doações, a Akanksha Foundation cresceu, chegando a 36 centros que ajudam mais de 1.600 crianças de bairros muito carentes.

Para mais informações, acesse:
www.akanksha.org

*"Coragem não é a ausência de medo,
mas saber que outra coisa é mais
importante que o medo."*

Ambrose Redmoon, escritor paraplégico

PROFESSOR DETÉM EX-ALUNO ASSASSINO

Em 2002, o professor de Arte e de História Rainer Heise, de 60 anos, supervisionava uma aula de pintura em uma escola de ensino básico em Erfurt, Alemanha, quando ouviu tiros e gritos. Logo saiu da sala de aula, a tempo de ver um sujeito vestido de preto da cabeça aos pés, armado. Enquanto este seguia atirando, Heise confrontou corajosamente o agressor, que tirou sua máscara e logo foi reconhecido pelo professor. Era seu ex-aluno Robert Steinhauser, de 19 anos, um rapaz problemático que havia sido expulso no ano anterior. Heise o desafiou: "Se quer me matar, então olhe em meus olhos". O rapaz baixou sua arma e disse: "Já fiz o bastante por hoje, senhor Heise". Steinhauser matara 17 pessoas, entre alunos e professores. Heise tomou então a arma de seu ex-aluno e o trancou em um armário. O que o professor não sabia é que o rapaz carregava outra arma – a qual usou contra si mesmo. Heise foi saudado como herói. "Não sabemos quantos mais seriam mortos se ele não tivesse enfrentado o assassino", declarou um policial.

ENCANADOR SALVA OPERÁRIO DE MORTE POR ASFIXIA

Uma combinação de ar rarefeito e gás fez o operário de construção Jon Stanger, de 35 anos, desmaiar enquanto consertava um reservatório de óleo acima de um depósito de gasolina subterrâneo em uma loja de conveniência em Escondido, Califórnia, em 2003. Sentindo o cheiro de gás, Richard Moten, encanador, de 50 anos, soube que Stanger sufocaria em minutos. Então ele pulou para dentro do venenoso reservatório, 2 metros abaixo. Prendendo a respiração, Moten pôs o colega inconsciente em seus ombros e tentou sair dali. Com os pulmões quase estourando, subiu um degrau na parede do reservatório, de onde conseguiu levantar Stanger até os braços das pessoas que estavam acima, as quais esperavam desesperadamente poder resgatá-los daquele poço mortal. "O médico da UTI me disse que se não fosse Moten, eu estaria agora realizando um funeral", frisou Kerrie, a mulher de Stanger, após a recuperação de seu marido. Moten foi humilde: "A gente faz o que pode".

GAROTO SOFRE ATROPELAMENTO PARA SALVAR AMIGO

Em 2003, Jay Corrie e Jack Briggs, de 9 anos e 5 anos, respectivamente, atravessavam uma rua perto de suas casas em Houghton-le-Spring, Inglaterra, quando uma carreta de 7 toneladas perdeu o controle. Jay viu que o veículo desgovernado ia na direção de Jack. Sem hesitar, empurrou seu amigo mais novo, tomando seu lugar. Ambos sofreram sérios ferimentos na cabeça, mas a polícia declarou que Jack teria morrido, sem dúvida alguma, não fosse o ato corajoso de Jay. Alguns meses depois, ambos estavam suficientemente recuperados para atender a um convite do primeiro-ministro, que os recebeu em seu gabinete, em Londres, e entregou a Jay um prêmio por sua coragem.

MORADORA DO HARLEM DÁ AMOR E ESPERANÇA A BEBÊS

Em 1969, uma mulher do Harlem abriu as portas de sua casa e de seu coração para bebês contaminados pelo vício em drogas adquirido pelos seus pais. A notícia se espalhou e, em dois meses, Clara Hale – conhecida simplesmente por Mãe Hale – viu-se cuidando de 22 bebês cuja herança dos pais tinha sido a dependência de heroína. Com a ajuda de funcionários públicos, Clara criou a Hale House, onde, até sua morte em 1992, cuidou de mais de 500 crianças, curando-as da dependência de drogas adquirida no útero. "Estes bebês não conheciam nada além de medo e dor", afirmou uma vez Mãe Hale. "A vida já é dura o bastante por serem cidadãos de segunda classe. Tento mudar isso".

Para mais informações, acesse: www.halehouse.org

GAROTO SALVA IRMÃO DA BOCA DO LOBO

Em 1979, Helder Barreira, de 13 anos, jovem pastor de ovelhas em Curros, Portugal, cuidava de seu rebanho quando um lobo vindo do mato apanhou seu irmão de 6 anos, Marcial. O astuto animal abocanhara o garoto pelo pescoço, então Helder teve de agir rápido. Agarrou o braço de seu irmão, puxando com força, travando um desesperado cabo-de-guerra de vida ou morte. Finalmente, após um grito e uma puxada mais forte, conseguiu soltar Marcial. Helder pôs nos ombros seu irmão sangrando e começou a correr, mas o lobo os perseguiu. Enquanto o animal tentava atacar, Helder mantinha seu irmão nos ombros, afastando a fera com pedras e galhos. Perto da exaustão, ele acabou conseguindo se livrar do lobo, que bateu em retirada. Helder deixou então a floresta e levou Marcial ao médico mais próximo, que cuidou da criança.

CÃO SALVA DONA DE AFOGAMENTO

Em janeiro de 2004, numa noite fria de inverno, Lisa Parker, de Richmond Dale, Ohio, procurava por uma égua desgarrada quando deslizou de uma ribanceira e caiu em um riacho. Ensopada e congelando, ela não conseguia sair da água gelada e começou a gritar por socorro. Seu cão Biyou, uma mistura de pastor australiano e lobo, dormia no celeiro, mas quando ouviu os gritos da dona, veio correndo e pulou no riacho, deixando-a segurar-se em seus pelos e levando-a em segurança de volta à margem. Lisa Parker está convencida de que Biyou sabia que ela corria o risco de morrer congelada. "Aquilo não foi instinto", declarou ela. "Aquilo foi inteligência e coragem."

Leia mais sobre cães heróis em Dogmania: Amazing but True Canine Stories [Mania de Cachorro: Impressionantes mas Verdadeiras Histórias Caninas], *de Allan Zullo e Mara Bovsun (Andrew McMeel Publishing, 2006).*

IGNORANDO SEU MEDO DE ALTURA, HOMEM SALVA ADOLESCENTE

Em 2004, o gerente de estacionamento Terry Kingsland, de 58 anos, de Stevenage, Inglaterra, tinha um medo paralisante de altura, mas isso não o impediu de ajudar um jovem que tentava se suicidar. Kingsland estava terminando seu turno no estacionamento quando percebeu que um adolescente ameaçava pular do parapeito do quarto andar do prédio em que estavam. Ao se aproximar do jovem, ouviu: "Agora vocês vão se livrar de mim". Kingsland estendeu sua mão, que o rapaz se negou a segurar, e aproximou-se ainda mais do parapeito, esforçando-se para ignorar a própria vertigem. Continuava falando com o jovem, encorajando-o a descer dali. Ao aproximar-se mais do garoto, este, já aos soluços, deu-lhe a mão e foi tirado dali. "O rapaz fez muito mais por mim do que eu fiz por ele", disse Kingsland. "Tenho muito prazer em ajudar alguém."

NO CAMINHO,
UMA MULHER EM CHAMAS

Em uma noite de 2000, Karen Richardson, de 35 anos, dirigia de volta para casa quando viu muita fumaça vindo de uma casa em Lombard, Illinois. De repente, notou uma senhora idosa na porta de casa com as roupas em chamas. Karen imediatamente chamou uma ambulância pelo celular, saiu de seu carro e correu para socorrer a senhora de 87 anos, Hiroko Horino. "Eu a segurei pelo casaco, mas ela estava em chamas", lembrou. "Eu a atirei no chão e a rolei pela grama até o fogo apagar. Então a tirei logo dali, com medo que a casa explodisse." Graças à ação rápida e corajosa de Karen, a senhora Horino sofreu apenas queimaduras leves.

CAMINHONEIRO DETÉM CARRETA EM CRUZAMENTO PERIGOSO

Em 1978, Anthony Borgia livrou um grande número de pessoas de serem atropeladas por uma carreta desgovernada perto de Scranton, Pensilvânia. Quando percebeu que a carreta perdera os freios numa descida que dava em um cruzamento de grande tráfego, Borgia, de 55 anos, decidiu usar seu próprio caminhão para deter o veículo. Colocando a carroceria na direção do veículo que descia desgovernado, deixou que este batesse em sua lateral. Apesar da força com que a carreta empurrava o caminhão na direção do tráfego, Borgia não saiu do caminho. Com os dois veículos ainda em contato pela colisão, ele controlou a descida com os freios. Daí pôde virar em direção ao acostamento da estrada, entrando no mato, onde o caminhão e a carreta pararam, a cerca de 30 metros do cruzamento.

BALCONISTA SALVA POLICIAL EM ASSALTO A BANCO

Em 2000, Terry Mitchum, balconista de uma loja em um *shopping center* na cidade de Lavonia, Geórgia, ajudou a prender um violento assaltante de banco e a salvar a vida de um policial. Mitchum viu o bandido deixando o *shopping* após assaltar uma agência de banco. "O sujeito fugiu de carro e eu corri até a delegacia ao lado." Mitchum entrou na viatura com o policial-chefe Randy Shirley e ambos saíram em alta velocidade atrás do criminoso. Quando o carro do assaltante ficou preso em um campo, ambos desceram e foram atrás do bandido. Após ouvir tiros, Mitchum viu o policial e o assaltante atracados, em uma desesperada luta. "O bandido estava tomando a arma do policial, que gritava por ajuda", relatou Mitchum. Ele agarrou o suspeito por trás e o jogou no chão. O modesto balconista ficou surpreso quando a Carnegie Hero Fund, fundação que reconhece atos de heroísmo, reconheceu sua coragem. "Acho que qualquer um teria reagido como eu reagi", disse ele.

Para mais informações, acesse: www.carnegiehero.org

"O herói e o covarde sentem ambos a mesma coisa. Mas o herói usa seu medo, projetando-o em seu oponente, enquanto o covarde foge. É a mesma coisa – medo –, mas o que importa é o que você faz com ele."

Cus D'Amato (1908-1985), célebre treinador de boxe. Treinou, entre outros, os campeões Floyd Patterson e Mike Tyson.

FAMÍLIA CATÓLICA SE ARRISCA AO ESCONDER JUDEUS DOS NAZISTAS

Durante a Segunda Guerra Mundial, Julian Bilecki e seu primo Roman, ambos adolescentes católicos, viviam com suas famílias em Zawalow, Polônia (atualmente, Ucrânia). Em junho de 1943, muitos judeus fugiram dos nazistas e buscaram refúgio entre os Bilecki. Arriscando suas vidas, os rapazes e seus pais, Genko e Lewko, construíram um *bunker* numa floresta e por quase um ano levaram comida aos seus amigos perseguidos. Durante o inverno, Roman e Julian pulavam de árvore em árvore para não deixarem pistas na neve. Na primavera de 1944, a área foi libertada pelos russos com seu Exército Vermelho. A coragem e o engajamento dos Bilecki salvaram as vidas de 23 judeus – homens, mulheres e crianças. Julian e Roman, hoje na casa dos 80 anos, vivem na Ucrânia e nos Estados Unidos, respectivamente.

Para mais informações, acesse:
www.shoah.dk/Courage/Bilecki.htm

APOSENTADO SALVA PILOTO DE AVIÃO ACIDENTADO

Em 2002, Larry Hicks, um fuzileiro aposentado, observou com horror um avião monomotor cair em um lago perto de sua casa em Troy, Alabama. Após chamar a emergência, pegou seu barco e foi até o local da queda do pequeno avião, onde mergulhou três vezes a uma profundidade de 3 metros naquela água escura, até encontrar e trazer à tona o piloto Jack Roush, já inconsciente. Com um braço, Hicks agarrou uma asa e com o outro braço manteve a cabeça de Jack fora da água, enquanto o tanque de gasolina começava a soltar fumaça. "Pensei que haveria explosão. Voltei-me para minha mulher (que estava na margem) e gritei: 'Aconteça o que acontecer, Donna, eu te amo'", relembra Hicks. Então puxou Roush sobre a asa e fez uma respiração boca a boca, até o piloto começar a tossir água e sangue. Hicks sentia cãibras em ambos os braços quando chegou socorro, 15 minutos depois. Apesar da séria lesão na cabeça e quebra múltipla de ossos, Roush se recuperou. Homem profundamente religioso, Hicks corrige os que dizem que ele agiu sozinho: "Não, *nós* fizemos um bom trabalho", diz ele. "Sem a ajuda de Nosso Senhor, Jack não estaria aqui."

RAPAZ TIRA COLEGA
DO MAR GELADO

No inverno de 2004, Richard Watt, 18 anos, aluno de Medicina na St. Andrews University, achou estúpida uma ideia de seu colega Will Drury, também 18 anos: nadar tarde da noite no gelado mar perto de Dundee, na Escócia.

A ideia era mais do que estúpida; era muito perigosa. Vendo seu colega começar a se debater naquele mar gelado, Watt pediu socorro pelo celular e mergulhou para salvar seu amigo. Watt ficou 15 minutos mantendo a cabeça de Drury fora da água antes de levá-lo de volta à praia, onde foram atendidos pelo pessoal médico. "Quando estávamos na água, Will tinha desmaiado e eu lutava para me manter consciente", lembra Watt. "Pensei que morreríamos ali. Então vi luzes piscando e elas me mostraram o caminho de volta à praia."

MÉDICO DEFICIENTE OPERA POBRES GRATUITAMENTE

Apesar dos problemas de saúde que o deixaram deficiente, o cirurgião plástico Sharadkumar Dicksheet, do bairro do Brooklyn, em Nova York, recusava-se a parar de trabalhar. Ele continuava viajando para a Índia, sua terra natal, durante seis meses por ano, a fim de realizar cirurgias corretivas em pessoas que não podiam pagar por elas. Dicksheet começou seu trabalho voluntário em 1968 e continuou operando mesmo quando ficou parcialmente paralítico após um acidente de carro em 1978. Sobreviveu ainda a dois ataques cardíacos que o impediram de praticar a medicina nos Estados Unidos, mas continuou operando vítimas de deformidades na Índia até 1998. "Encaro isso como uma missão inteiramente pessoal", disse antes de se aposentar. "Estou abusando de minha sorte. Mas é exatamente por isso que estou aqui. Para abusar de minha sorte, testar as fronteiras da resistência e fazer o que vejo como meu dever, meu trabalho."

ESTUDANTE RETIRA MOTORISTA FERIDO DE CARRO EM CHAMAS

Chamas e uma inevitável explosão não impediram Ashley Roque de salvar uma vida. Em 2004, perto de St. Augustine, Flórida, o aluno da Jacksonville University viu um carro bater em uma árvore e pegar fogo. Roque pediu socorro pelo celular e correu até o veículo em chamas. A motorista, Laura Beth Thompson, de 25 anos, estava ensanguentada e gritava que não conseguia sair do carro. Ambas as portas estavam muito amassadas pelo acidente, mas Roque, de 21 anos, conseguiu alcançar Laura através da janela quebrada. Ele temia que ela tivesse lesões na espinha ou no pescoço, mas tinha de agir rápido. Pegou-a pelas axilas e a puxou para fora do carro, carregando-a em seus ombros até o outro lado da estrada. Então o carro explodiu. Com múltiplas fraturas e um pulmão afetado, Laura foi levada ao hospital. "Fiz o que achava certo", disse Roque. "Não quero receber elogios."

"Um herói não é mais corajoso do que um homem comum, mas é corajoso por cinco minutos a mais."

Ralph Waldo Emerson,
escritor e poeta norte-americano

MAMÃE-GORILA PROTEGE CRIANÇA EM ZOOLÓGICO

No verão de 1996, os visitantes do Brookfield Zoo, em Illinois, ficaram horrorizados ao ver um desacompanhado garotinho de 3 anos subir a cerca e tombar 6 metros para dentro da jaula do gorila. Começaram a gritar por socorro quando viram que o animal, uma fêmea de 8 anos chamada Binti Jua, com seu filhote Koola nas costas, chegou até o garoto inconsciente. Os gritos de horror logo se transformaram em silencioso espanto quando o enorme primata pegou gentilmente o garotinho. Ninando-o em seus braços e protegendo-o dos outros gorilas, ela andou até a porta pela qual sabia que os zeladores logo entrariam. Os zeladores do zoológico, que recolheram a criança em segurança, disseram que aquela notável atitude era resultado do treinamento da primata durante sua preparação para o nascimento de seu bebê. Binti Jua, que significa "filha da luz solar" em suaíli, tornou-se uma celebridade internacional por conta do heroico resgate da criança, que se recuperou totalmente.

ESTUDANTE DETÉM ASSASSINO EM FÚRIA

Em 2004, a caminho de um jogo de *softball* no Central Park, o universitário Anthony Jimenez entrou em uma estação de metrô em Manhattan com seu taco. Nesse mesmo dia, mais cedo, Akeem Capers matara sua avó no Brooklyn e estuprara uma vizinha antes de fugir pelo metrô. Capers tinha acabado de empurrar um homem nos trilhos quando deparou com Jimenez. O perturbado assassino tentou tomar-lhe o taco, mas o musculoso rapaz de 20 anos, que trabalhava em uma academia, segurou firme. "Consegui me equilibrar, o agarrei e o empurrei", lembra Jimenez. "Foi tudo muito rápido. Apliquei um golpe por baixo e o empurrei contra a parede." Jimenez imobilizou o assassino até a polícia chegar, momentos depois, levando o criminoso para a custódia psiquiátrica. O homem que foi jogado nos trilhos escapou sem ferimentos.

UMA HEROÍNA HISTÓRICA
Susan B. Anthony

Em 1872, uma mulher de 52 anos entrou em uma cabine de votação durante uma eleição em Rochester, Nova York, e mudou os rumos da História. Fervorosa ativista a favor do sufrágio feminino, Susan Brownell Anthony (1820–1903) estava convencida de que a Constituição norte-americana garantia às mulheres o direito de votar. Para testar sua teoria, votou em uma eleição presidencial e imediatamente foi presa, julgada e condenada por violar as leis eleitorais. Susan nunca cumpriu sua pena. Pelo resto de sua vida, trabalhou e lutou para derrubar leis e costumes que tratavam as mulheres como cidadãs de segunda classe. Mas ela não chegou a ver os frutos de seu trabalho dedicado à liberdade e igualdade: a 19ª Emenda Constitucional, que garante às mulheres o direito legítimo e inalienável de votar, só foi aprovada em 1920, 17 anos após a morte dessa pioneira do direito de voto das mulheres.

Para mais informações, acesse:
www.susanbanthonyhouse.org

GAROTA SALVA MENINO NA PISCINA

Em 2004, num parque em Sterling, Virgínia, Beth Dapper, de 11 anos, percebeu um garoto que se debatia no fundo da piscina em que nadavam. De início, achou que ele estava fingindo, mas mesmo assim nadou até perto dele. "Seus olhos reviravam, e isso não parecia normal", lembra. "Deu até medo." Mas ela deixou seu medo de lado e mergulhou, pegando o garoto pelos braços e trazendo-o à tona. "Foi de arrepiar, porque eu pensei que estava segurando alguém que tinha morrido", revelou Beth. Ao chegar à superfície, colocou-o sobre seus ombros e nadou até a borda da piscina, onde um salva-vidas realizou uma reanimação cardiopulmonar, praticando a respiração boca a boca. O garoto voltou a respirar e foi levado a um hospital, de onde saiu no dia seguinte plenamente recuperado.

CACATUA MORRE AO TENTAR SALVAR SEU DONO

Em 2001, em Houston, Texas, Daniel Torres invadiu a casa de seu ex-chefe, Kevin Butler, proprietário de uma fábrica de piscinas, com a intenção de matá-lo. Após amarrar sua vítima, Torres começou a esfaqueá-lo e golpeá-lo até que Bird, a cacatua branca de estimação de Butler, lançou-se sobre o criminoso, tentando afastá-lo. Bird e Butler foram mortos, mas a polícia recolheu amostras de sangue com o DNA de Torres no bico de Bird. Quando foi preso, Torres admitiu que esfaqueara Bird: "Ela bicou minha cabeça inteira". Durante o julgamento de Torres, o promotor público George West falou sobre o heroísmo de Bird: "Sabemos que este pássaro ataca qualquer um que ameace seu dono. E quem ele atacou? Daniel Torres". O júri condenou Torres por assassinato.

"A bravura é um dom. Quem a possui nunca sabe ao certo se a possui, até que chega a hora do teste."

Carl Sandburg, poeta norte-americano

POLICIAL DETÉM LOCOMOTIVA DESGOVERNADA

Em um dia de 2003, quando soube que uma locomotiva da Union Pacific corria desgovernada através da vizinhança rural perto de Boise, o cabo Duane Prescott, da polícia estadual de Idaho, subiu em sua motocicleta e foi atrás da máquina. Enquanto outros policiais bloqueavam o tráfego em todos os entroncamentos e cruzamentos pelos quais a locomotiva passaria, Prescott conseguiu subir a bordo da máquina de cerca de 200 toneladas. Dentro da cabine, apertou, puxou e empurrou todos os controles que viu no painel, até ela começar a parar. A polícia declarou que, ao deter a locomotiva – que descera uma colina e corria a 85 quilômetros por hora –, Prescott evitou que ela batesse em outra, parada mais à frente. "Eu apenas tive a sorte de estar lá, em condições de fazer aquilo", disse Prescott, modestamente.

MULHER É SALVA DE QUEDA EM CATARATAS

Em 2001, Andrey Sazonov e sua mulher, Galina, ambos de Welland, Ontário, caminhavam ao longo do Rio Niágara, a cerca de 500 metros das Cataratas de Horseshoe, quando observaram um carro sair da estrada e cair na correnteza do rio gelado. Enquanto Galina chamava por socorro pelo celular, Andrey correu rio abaixo na direção do veículo. A motorista – que mais tarde declarou ter tentado o suicídio – conseguira sair do carro, que afundava, mas estava em estado de choque e incapaz de nadar. Sabendo que ela poderia rapidamente ser engolida pelas cataratas, Andrey pulou no rio e, arriscando sua vida, trouxe-a de volta à margem em segurança. "Fiquei feliz por acontecer de eu estar ali", disse Andrey.

ADOLESCENTE SALVA OPERÁRIO ELETROCUTADO

Scott Baer, jovem de 16 anos da cidade de Rock Island, Illinois, nunca pensou que seu trabalho de verão o tornaria herói. Em 1977, ele estava trabalhando com Bernard Rossi, de 62 anos, que reparava uma tubulação de ferro apoiado em uma grua de um caminhão. Estavam em um bosque e mal perceberam quando o caminhão lentamente começou a descer um declive, o que fez a grua tocar a linha de transmissão de força e causar um choque elétrico tão forte em Rossi, que este acabou grudado, em pé, ao metal carregado de eletricidade. A grua ainda mantinha contato com a linha de transmissão porque o caminhão havia parado. Pensando rápido, Scott correu atrás de Rossi e, cuidadosamente, estendeu seus braços em volta de Rossi, sem tocá-lo. Então, com um rápido movimento, juntou as mãos e o livrou do metal eletrificado. Scott levou um choque elétrico sem gravidade ao tocar Rossi e ficou feliz por ter salvado uma vida. Rossi foi hospitalizado por causa das queimaduras ocasionadas pelo choque elétrico.

Para mais informações, acesse:
www.carnegiehero.org

MULHER ENFRENTA INCÊNDIO PARA SALVAR CAVALOS

Em uma fria noite de 1896, quando irrompeu um incêndio em um estábulo na cidade de Washington, DC, parecia não haver salvação para os cavalos – até que a senhora B. F. Cranshaw correu para tentar resgatá-los. "Ligue rápido o alarme e me ajude a salvar aqueles pobres cavalos", disse ela ao marido antes de pegar um pesado sobretudo e correr. A fumaça e as chamas lançavam-se pelas janelas, e uma pequena multidão se reunira ali fora. Nem por isso a ajudaram quando ela tentou empurrar o pesado portão do estábulo. Mesmo assim, a senhora Cranshaw entrou correndo, cobriu a cabeça de um cavalo com o sobretudo, conduziu-o para fora e passou o laço para seu marido, que levou o animal em segurança. Com seu sobretudo, ela novamente enfrentou as chamas e a fumaça. O segundo cavalo resistiu, mas a senhora Cranshaw levou-o em segurança. Em seguida, ao sair do estábulo em chamas, foi ovacionada pela pequena e inútil multidão. Ninguém sofreu sequer um arranhão – com exceção do sobretudo, chamuscado demais para ser reparado.

ALVEJADA CINCO VEZES, CADELINHA PERSEGUE BANDIDO

Brandy pode parecer uma simples *springer spaniel,* mas aos olhos de sua dona, Kendall Plank, ela é um anjo da guarda. Em 1996, Kendall estava dormindo sozinha em sua casa em Tucson, Arizona, quando ruídos de passos a acordaram. Ela ligou para a polícia, mas mal tinha acabado de desligar e o intruso abriu fogo com uma pistola automática. Foi quando Brandy, então uma filhotinha de 9 meses, tomou uma atitude: mordendo e segurando o braço do criminoso, não largou dele, mesmo levando cinco balas à queima-roupa. Por fim, conseguiu afastar o bandido da casa. Por incrível que pareça, Brandy sobreviveu. Sua atitude heróica logo a tornou uma celebridade, recebendo menções honrosas do xerife local e de uma grande indústria de rações para cães. Mas, acima de tudo e mais importante, ela recebeu a eterna gratidão de sua dona. "Se não fosse ela, eu não estaria aqui hoje", disse Kendall.

"Quando o primeiro Super-Homem foi lançado nos cinemas, sempre me perguntavam: 'O que é um herói?' Eu sempre respondia que herói era aquele que praticava um ato corajoso sem considerar as consequências... Agora penso completamente diferente. Creio que um herói é um indivíduo comum que encontra força para perseverar e resistir, apesar dos enormes obstáculos."

Christopher Reeve (1952-2004), ator e ativista norte-americano, vítima de grave lesão da medula espinhal que o deixou tetraplégico.

PESCADOR "FISGA" E SALVA HOMEM EM RIO

Em 2001, Anthony Joshua pescava tranquilamente às margens do Rio Wye, em Hertfordshire, Inglaterra, quando viu um homem boiando, aparentemente afogado. "De repente os braços subiram à superfície", lembra Joshua. "Eu sabia que tinha de tirá-lo de lá. Ele já estava roxo e tremia muito. Achei que ele ia morrer." Após algumas tentativas, o pescador conseguiu agarrar o homem e puxá-lo. Era um senhor de 60 anos que havia escorregado e caído na fria água enquanto caminhava na beira do rio. Este senhor estava à beira da morte quando Joshua o puxou até a margem, onde conseguiu reanimá-lo, chamando logo por socorro. Os paramédicos disseram que mais um minuto na água seria fatal. "Estou contente por estar no lugar certo, na hora certa", declarou Joshua aos repórteres. "Aquele homem está vivo e eu estou feliz por ter conseguido ajudar."

MENINA DE 7 ANOS DIRIGE E SALVA PAI

Em 1998, em Washington, Latia Robinson, de 7 anos, soube exatamente o que fazer quando seu pai desmaiou ao volante em meio a um pesado trânsito no horário de pico. Latia puxou o pai para o banco do passageiro e assumiu o volante. Agachada, ela tinha de se esforçar para controlar cuidadosamente os pedais de acelerador e freios, além do volante, a fim de levar o carro até o hospital da Howard University. Ela conhecia o caminho, já que seu pai a levara uma vez até lá. Ao chegar ao prédio do setor de emergência, ela estacionou o carro, pulou para fora e começou a bater na ambulância estacionada na entrada. Os médicos disseram que Latia agira de modo "espantoso" e estavam certos de que seu rápido raciocínio salvara seu pai. A garotinha recebeu honrarias e foi elogiada por celebridades, incluindo o então presidente Bill Clinton.

HOMEM PARA TRÂNSITO PARA SALVAR MOTORISTAS

Em 1985, em Seattle, Charles Gedney Jr. salvou inúmeras vidas arriscando sua própria segurança. Gedney, de 47 anos, representante de vendas, estava na porta de entrada de um escritório quando viu um poste telefônico começar a balançar. Vendo que o poste poderia cair bem no meio de uma movimentada avenida, correu e acenou para os motoristas, alertando-os em meio ao tráfego com os braços abertos. Vários carros frearam bruscamente e derraparam quando o poste caiu atravessado no meio da via. Infelizmente, Gedney estava tão entretido alertando todos, que não conseguiu escapar a tempo e foi atingido pelo poste. Hospitalizado com vários ferimentos, incluindo uma fratura na cabeça e uma vértebra quebrada, ele disse que se sentia grato por ninguém mais ter saído machucado.

Para mais informações, acesse:
www.carnegiehero.org

FAXINEIRA TORNA-SE "SENHORA DICIONÁRIO"

Em 1992, Annie Plummer, uma faxineira de 55 anos de Savannah, Geórgia, estava num perigoso cruzamento protestando contra a falta de semáforos e faixas para pedestres no local, quando se deu conta de algo ainda mais inquietante. "Eu vi todas as crianças sem livros", disse ela. Com 50 dólares de seu próprio dinheiro, ela comprou trinta dicionários de bolso e começou a distribuí-los. Uma rede de televisão local mostrou o que ela estava fazendo, e o estado da Geórgia comprou a ideia. Annie, que abandonara a escola no ginásio e jamais possuíra um dicionário quando criança, tornou-se a "Senhora Dicionário" e uma sagaz arrecadadora de fundos por meio de camisetas, de maratonas beneficentes e do apoio de milhares de jovens admiradores. Em 1999, ano em que Annie faleceu, mais de 32 mil crianças possuíam dicionários doados por ela. Em cada dicionário que ela entregava, escrevia o lema da United Negro College Fund: "Desperdiçar uma mente é algo terrível". Abaixo, acrescentava: "Desafio você a não desperdiçar a sua".

Para mais informações, acesse:
www.dictionaryproject.org

COZINHEIRO SALVA PILOTO DE AVIÃO EM CHAMAS

Em 2002, Nathan Michael Grube, um cozinheiro-chefe de Wind Gap, Pensilvânia, dirigia próximo ao aeroporto local quando viu fumaça e chamas em um pequeno avião que, pouco antes, caíra ao lado da rodovia. Nathan correu até os destroços. O piloto havia escapado, mas o passageiro William S. Smith Jr. estava inconsciente, sentado no banco dianteiro. Colocando sua jaqueta na cabeça para se proteger do fogo, o *chef* o alcançou e o tirou dali rapidamente, momentos antes de a cabine explodir.

CONDUTOR DE TREM SALVA BEBÊ EM FERROVIA

Em sua locomotiva da Norfolk Southern Railway, de 6.700 toneladas e mais de 2 quilômetros de comprimento, o condutor Bob Mohr viu algo se movendo à frente, na ferrovia, quando passava por Lafayette, Indiana, no ano de 1998. "É um bebê!", gritou para seu companheiro. Ambos sabiam que seria impossível parar o trem a tempo, então Mohr apoiou-se no último degrau da escada na frente da locomotiva. Inclinou-se e posicionou-se para pegar a criança assim que passassem. O bebê, ao ouvir o barulho, se mexeu e saiu do alcance de Mohr, mas ainda assim corria perigo. Em um último e aterrorizante momento, Mohr estendeu sua perna direita e mirou um chute certeiro no pequeno. Em seguida, pulou do trem, correu de volta até ele e ouviu um som maravilhoso: "Mama, mama!". A criança estava chorando. De sua pequena testa saía um fiozinho de sangue; de resto, ela estava bem. Exausto, Mohr pegou no colo Emily Marshall, de 19 meses, e a entregou para sua aliviada mãe, que estava procurando por ela.

SARGENTO OFERECE SUA VIDA PARA SALVAR TRIPULAÇÃO DE AVIÃO DE COMBATE

Durante a Segunda Guerra Mundial, em 1944, o avariado avião de combate Flying Fortress perdia altitude rapidamente no Canal da Mancha. O sargento Forrest L. Vosler, de 21 anos, implorava a seu capitão: "Atire-me... Estou muito ferido e inútil agora... Assim se livrará de 85 quilos e talvez consiga chegar à Inglaterra". Pouco antes, durante uma batalha nos céus da Alemanha, o sargento fora duramente atingido nos olhos, peito, rosto e pernas. Mesmo assim, usando apenas seu tato, alcançou um rádio de emergência e passou a transmitir "S-O-S" sem parar, apesar das intensas dores. Nesses casos, era norma de qualquer tripulação se desfazer de todo peso extra a fim de que o avião pudesse voltar à base – por isso Vosler ofereceu sua vida, oferta rejeitada pelos companheiros. Quando o avião caiu na água, Vosler, cego e sangrando, conseguiu resgatar um companheiro e o segurou em uma das asas, até ambos finalmente subirem em um bote. Seis meses depois, com os melhores cuidados médicos, a visão do sargento Vosler estava parcialmente restaurada. Tanto que pôde ver o presidente Roosevelt colocar a Medalha de Honra do Congresso em seu peito.

UM CORAÇÃO ABERTO ÀS CRIANÇAS ÓRFÃS DE RUANDA

Rosamond Halsey Carr, desenhista de moda em Nova York, mudou-se para Ruanda, onde passou a cuidar de uma plantação de flores. Permaneceu lá mesmo quando os conflitos entre as etnias rivais tútsi e hutu afugentaram todos os fazendeiros brancos da região. Em 1994, as hostilidades chegaram ao ápice em um sangrento genocídio que deixou um milhão de mortos. Mas Rosamond, então com 82 anos, continuava se recusando a deixar o país que adotara. Transformou sua propriedade em um lar de adoção para crianças cujos pais tinham morrido na guerra e criou a Imbabazi, que significa "lugar de amor materno". Mais de 120 órfãos logo estavam sob sua proteção e abrigo – a maioria doente, traumatizada ou mutilada, como um garoto que teve as mãos decepadas a golpes de facão. Em 2004, Rosamond comemorou seu 91º aniversário cercada pelos órfãos de Imbabazi.

Leia mais sobre Rosamond Carr em sua autobiografia Land of a Thousand Hills: My Life in Rwanda *[Terra das Cem Colinas: Minha Vida em Ruanda] (Plume).*

CÃES DE RUA SALVAM A VIDA DE GAROTO

Em um dia frio de março de 1996, Josh Coffey, de 10 anos, portador da síndrome de Down, desapareceu quando brincava no quintal de sua casa com dois cães sem dono. Mais de cem pessoas da cidade de Cassville, no Missouri, local da tragédia, procuravam pelo garoto, mas todos temiam o pior, principalmente quando o vento cortante fez cair ainda mais a temperatura. Três dias após o desaparecimento de Josh, um morador da cidade viu um cão vadio latindo em um bosque a cerca de 2 quilômetros da casa do garoto. Ele seguiu o cão e encontrou Josh deitado com o rosto no chão, um casaco sobre a cabeça. Milagrosamente, o garoto havia sobrevivido graças aos dois cães, um pastor australiano e um mestiço de *dachshund* com *beagle*. Eles salvaram a vida de Josh deitando enrodilhados ao lado dele e assim aquecendo o corpo do menino. Logo o garoto estava recuperado e a família, grata, adotou os cães, agora chamados Baby e Angel.

PARAQUEDISTA SACRIFICA SUA VIDA POR ALUNA

Em 2002, um rotineiro salto de paraquedas terminou com a queda fatal de Robert J. Bonadies, de Vernon, Connecticut: o instrutor, de 47 anos, deu a própria vida para salvar sua aluna Cynthia M. Hyland, 42 anos. Aconteceu assim: Bonadies, Cynthia e outro instrutor saltaram a uma altitude de 12 mil pés; na hora de abrir os paraquedas, estes falharam, o que os deixou em queda livre. A 2 mil pés, o paraquedas do outro instrutor abriu, mas Bonadies e a aluna ainda estavam com seu equipamento emperrado. A poucas centenas de metros do chão, Bonadies conseguiu abrir o paraquedas de Cynthia, salvando-a. Mas ele não teve tempo de abrir o seu e a terrível morte foi inevitável.

Para mais informações, acesse:
www.carnegiehero.org

> *"A consciência é a raiz de toda verdadeira coragem; um homem corajoso obedece à própria consciência."*

James Freeman Clarke, teólogo do século 19

ENFERMEIRA APOSENTADA SALVA VIZINHA

Quando Marguerite Zachary, de 74 anos, ouviu os disparos, ela não fugiu nem se escondeu – pelo contrário, foi direto à linha de fogo para salvar outra pessoa. Em 2002, Marguerite estava em seu apartamento, no prédio do qual era zeladora em Dallas, Oregon, quando começaram os tiros. Outra moradora, Charlotte J. Woods, de 59 anos, estava no chão, sangrando no jardim de entrada, metros abaixo. Enfermeira aposentada, Marguerite correu para baixo, a fim de prestar ajuda à vítima, mesmo com o atirador disparando da sacada do segundo andar. Ela engatinhou até Charlotte e a confortou até a polícia finalmente chegar. Após cinco horas de suspense, o agressor foi capturado e preso.

UMA HEROÍNA HISTÓRICA
Harriet Tubman

Nascida escrava, Harriet Tubman livrou-se de seus grilhões em 1849 e correu para a liberdade. Então, em um ato de notável coragem, passou a ajudar outros escravos a escapar. Durante a década seguinte, sempre voltava ao Sul, conduzindo centenas de escravos – incluindo seus pais – através da Underground Railroad, uma rede de casas seguras ao longo da rota para os estados livres do Norte e o Canadá. Chamada de "Moisés de seu povo" e procurada pelas autoridades, com uma recompensa de 40 mil dólares por sua cabeça, ela não parou. Durante a Guerra Civil Americana, trabalhou incansavelmente para acabar com a escravidão, ajudando abolicionistas e espionando para a União. Quando o Sul finalmente se rendeu, Harriet Tubman foi saudada como heroína.

Para mais informações, acesse:
www.nyhistory.com/harriettubman/life.htm

CÃO ACORDA DONA SURDA E A SALVA DE INCÊNDIO

Em uma noite de 1996, Taj Brumleve dormia profundamente quando seu apartamento em Redmond, Washington, começou a pegar fogo. Ivan, de 15 meses, uma mistura de labrador e *husky* siberiano, soube como despertar sua dona, apesar de esta ser surda. Em vez de latir, Ivan pulou sobre o peito de Taj. Percebendo que sua dona acordara, o cão correu para o quarto da filha de Taj, então com 3 anos, acordou a criança e conduziu ambas para a porta de entrada, saindo todos em segurança.

IDOSA PULA EM LAGO PARA RESGATAR AMIGA

Em 2002, Carolyn Kelly, médica tecnóloga aposentada de Shreveport, Louisiana, não hesitou em tirar a roupa e pular em um pequeno lago a fim de resgatar sua amiga Nina Hutchinson, de 83 anos. Com seus 81 anos, ela tampouco era uma garota. Nina dirigia seu carro e, de alguma forma, perdeu a direção e caiu no lago. O carro logo começou a afundar, mas Nina conseguiu sair – contudo, ficou se debatendo na água. Carolyn, que morava ali perto, ouvira o barulho e chegara a tempo. Sem pensar duas vezes, tirou as roupas e mergulhou. Ao alcançar a amiga, apoiou-a no carro e a manteve ali até chegarem os bombeiros, que as resgataram. Infelizmente, Nina não sobreviveu. Morreu no hospital, no dia seguinte ao heroico resgate de Carolyn.

VOVÔ IMOBILIZA ASSALTANTE DE BANCO

Em 2003, na parte leste de Belfast, Irlanda do Norte, um avô de 70 anos flagrou um bandido armado que ameaçava um segurança de banco, mas nem por isso saiu correndo. "Eu simplesmente não podia ficar ali parado, vendo aquele cara apontar uma arma para outro homem", lembrou o corajoso pensionista, que pediu anonimato. Ex-policial e atleta, o velhinho agarrou o bandido por trás e após dura briga conseguiu imobilizá-lo, dando-lhe uma chave de pescoço. O bandido, Richard David McCarten, já tinha sido julgado e condenado a onze anos de prisão. "Eu tive de agir", declarou o herói aos repórteres. "Isso está acontecendo cada vez mais no mundo em que vivemos. Tenho visto idosos serem surrados, roubados, assaltados, e eu nunca vou permitir que isso aconteça, se eu estiver em condições de impedir."

*"Poetas e heróis são da mesma raça;
estes fazem o que aqueles concebem."*

Alphonse de Lamartine (1790-1869),
poeta, estadista e historiador francês

VIÚVO IMPEDE
SUICÍDIO EM PENHASCO

Com mais de 150 metros de altura, Beachy Head é o mais alto cabo do litoral britânico e um excelente ponto turístico, pois a vista à beira desse penhasco de calcário oferece um belo retrato do Canal da Mancha. Mas, como descobriu Keith Lane em 2004, o penhasco tem seu lado sinistro. Moradores das redondezas chamam-no de Ponto do Suicídio, porque é o local preferido de suicidas. Uma semana após a mulher de Lane, Maggie, saltar para a morte, o triste viúvo voltou para Beachy Head com a esperança de que revisitar o local o ajudasse a lidar com a tragédia. Em vez disso, ele acabou evitando outra. Enquanto caminhava, ele viu uma mulher escrevendo uma nota e perguntou-lhe o que estava fazendo. Ela o mandou sair dali, ao que Lane respondeu: "Não posso". Nesse momento, a mulher saiu correndo e Lane correu atrás dela. A poucos metros da beira do abismo, conseguiu derrubá-la e segurá-la até a polícia chegar. Por salvar a vida da mulher, Lane foi homenageado pela Britain's Royal Humane Society. Determinado a salvar outras vidas, fundou a associação de caridade Maggie Lane, que recolhe fundos para financiar patrulhas de vigilância no penhasco, 24 horas por dia.

ALERTA CANINO SALVA OPERÁRIOS DE QUEDA

Dois operários de Manhattan devem suas vidas a uma *rottweiler* de 19 meses chamada Boogey Baby. Em 2004, o andaime que sustentava os dois trabalhadores de manutenção quebrou, deixando ambos pendurados e balançando a uma altura de cinco andares. Eles gritavam por socorro, pois a queda era iminente, mas apenas Boogey os ouviu. Seu dono, T. Jones, e sua noiva, Linda Bright, assistiam à TV quando a *rottweiler* entrou agitada na sala, latindo alto. "Eu sabia que havia algo errado quando ela largou seu osso", lembrou Jones. Então ele foi até a janela e viu os dois homens em apuros. Desceu correndo as escadas e reuniu algumas pessoas que o ajudaram a descer os operários com uma corda. "Ela é uma heroína", afirmou Bright, adestradora de cães. "Eu a amo ainda mais agora."

AVIADOR REALIZA SALTO OUSADO PARA SALVAR O COMPANHEIRO

Em um ataque aéreo próximo a Nagasaki, em 1944, o bombardeiro Heavenly Body tinha sido atingido pela bateria antiaérea japonesa. O engenheiro de vôo Harry Miller fora atingido na cabeça enquanto o piloto, capitão Jack Ledford, fora atingido no quadril, tendo a bacia estilhaçada e a coluna vertebral exposta. Ledford permaneceu no controle, recusando-se a injetar morfina, pois queria se manter lúcido para tentar levar o avião até território amigo na China. Quando o avião começou a cair, o capitão ordenou que todos pulassem. Miller estava inconsciente, então Ledford amarrou um fio na trava do paraquedas de seu companheiro e o ejetou. Momentos depois, o paraquedas de Miller abriu e Ledford, que saltara e descia perto dele, ficou alguns instantes a mais em queda livre. Abriu seu próprio paraquedas já próximo ao solo, livrou-se dele em terra e esperou seu parceiro a fim de segurá-lo. Contudo, seu plano não funcionou: o vento os havia separado. Miller ainda estava vivo quando foi resgatado pelos chineses, mas morreu depois no hospital. Ledford recebeu a Medalha de Honra por seu ousado salto.

ATIVISTA TRANSFORMA LOTE ABANDONADO

Em 2000, um lote abandonado em uma das piores áreas da zona centro-sul de Los Angeles era algo terrível de se ver. Repleto de carros enferrujados e lixo decomposto, a quadra parecia útil somente aos muitos traficantes e prostitutas que frequentavam o local. Mas Maurice Jones viu algo além – um lugar perfeito para um jardim que revitalizaria a perigosa região. Ele imaginou que se o lote, de 13,5 m x 35,7 m, pudesse ser embelezado, isso ajudaria a mudar o conceito que a população local tinha de sua comunidade. Maurice e sua mulher, Diane, trabalharam duro assinando petições, arrecadando fundos e recrutando voluntários para arar o solo e cultivar sementes. Foi um trabalho muito perigoso – os marginais não gostaram de ver seu território invadido por um bando de benfeitores armados de ancinhos e pás. Mas os policiais locais começaram a patrulhar a área cada vez mais, forçando os criminosos a encontrar outro *playground*. O lote, antes um lixo a céu aberto, estava agora cheio de hortas, onde voluntários plantavam alimentos para os pobres. Melhor de tudo: em apenas um ano, a criminalidade caiu mais de 25%.

RESGATE SOB FIOS DE ALTA TENSÃO

No ano de 1998, o detetive aposentado Harold Ferguson, de Buffalo, Nova York, dirigia seu carro quando sofreu um infarto. Ele dirigia um furgão, que bateu num poste, o qual caiu sobre o veículo. A enfermeira Alexis McMahon, de 37 anos, estava em sua cozinha quando as luzes se apagaram. Ao olhar pela janela, viu com horror o motorista ferido e os cabos de transmissão sobre o furgão destruído. Apesar do perigo de eletrocussão, ela e um vizinho, o dentista Peter Purcell, retiraram Ferguson do veículo e o estenderam no gramado da calçada. Alexis não sentia o pulso de Ferguson, então praticou a reanimação cardiopulmonar até a chegada dos bombeiros com um desfibrilador. Os médicos disseram que a ação imediata da enfermeira salvara Ferguson. "Estou tendo uma segunda chance", disse ele mais tarde, no hospital.

---

*"Covardes morrem muitas vezes antes
de morrer; o bravo sente apenas uma vez
o gosto de sua morte."*

William Shakespeare, Júlio César, ato 2, cena 2

UMA HEROÍNA HISTÓRICA
Rosa Parks

Por simplesmente recusar-se a levantar em um ônibus, uma costureira afro-americana de 43 anos, da cidade de Montgomery, Alabama, acendeu o pavio de uma longa batalha pela igualdade racial, tornando-se conhecida como a mãe dos movimentos pelos direitos civis. Mas em 1955, Rosa Parks era apenas uma mulher cansada, voltando para casa após um longo dia de trabalho. Todos os bancos da parte traseira do ônibus, onde os negros eram obrigados a sentar, estavam lotados. Ela então sentou na parte do meio, onde havia lugar. Quando lotaram os bancos da frente, assinalados "somente para brancos", o motorista mandou que ela desse o lugar a um homem branco. Parks permaneceu sentada, firme, mesmo quando o motorista gritou com ela. Ele chamou a polícia, mas ela não cedeu o lugar, e ao final foi presa por violar as leis de segregação racial. Mas sua atitude iniciou um boicote aos ônibus da cidade, que só terminou um ano depois, quando a Suprema Corte julgou inconstitucional a segregação no transporte público – uma decisão que finalmente daria origem ao Ato dos Direitos Civis de 1964.

Para mais informações, acesse:
www.achievement.org/autodoc/page/part0bio-1
Rosa Parks Library and Museum, Troy University
Montgomery: www.montgomery.troy.edu/museum

PENDURADO AO HELICÓPTERO, CO-PILOTO SALVA MULHER EM LAGO GELADO

Em 1979, um monomotor caiu no Lago Woods, em Ontário, Canadá, deixando um de seus ocupantes – Selma Irwin, de 44 anos – na água gélida, agarrada a um bloco de gelo. Um helicóptero de resgate logo chegou ao local. Havia o perigo iminente de morte por hipotermia, então o co-piloto Robert Grant, de 36 anos, tomou a ousada atitude de puxar a mulher. Como as mãos de Selma estavam congelando, escaparam das dele, e ela acabou afundando. Robert achou que a tivesse perdido, mas Selma voltou à superfície. Para segurá-la mais firmemente, ele precisava de ambos os braços livres. Assim, apoiou as pernas no trem de aterrissagem do helicóptero e, como se fosse um trapezista, ficou de cabeça para baixo, pronto para segurar Selma. Assim que a agarrou, pediu ao piloto – que mantinha o helicóptero a poucos centímetros da água – para voar até um bloco de gelo mais compacto, onde soltou Selma. Então Robert pulou no bloco e colocou Selma no helicóptero, em segurança. Por conta do audacioso resgate, Robert e o piloto Brian Clegg receberam distinções honoríficas, além da inestimável gratidão de Selma.

Sugestão de leitura: Stories of Survival from Land and Sea
*[Histórias de Sobrevivência na Terra e no Mar],
Dorcas Miller (Adrenaline Books, 2000).*

RAÇA E *PEDIGREE* PARA SALVAR GAROTO EM RIO

Lucason of Ashtead O'Bellhaven, um *collie* com extenso nome e igualmente extenso *pedigree,* fora campeão em uma exposição em New Jersey, em 1935. Mas, no mesmo ano, ele provou ser mais do que um focinho bonitinho. Ele foi um herói. Anthony Salvatore, de 10 anos, remava um barquinho no Rio Shrewsbury quando este virou. O garoto se debatia a uns 30 metros da margem, não muito distante do local onde o cão estava sendo preparado para outra apresentação. Lucason pulou na água e nadou até o garoto, abocanhando delicadamente suas roupas e trazendo-o de volta à margem. Anthony se recuperou rapidamente. No dia seguinte ao resgate, os juízes perceberam que o campeão parecia um tanto cansado, mas mesmo assim o belo cão levou para casa a faixa de vencedor.

TRANSEUNTE PERSEGUE E DETÉM CARNICEIRO

Em 2002, R. Johnson, de 26 anos, aprendiz de eletricista de Pittsburgh, passava com seu carro diante da casa de Wen Ting Huang, 30 anos, quando a viu sendo atacada por um homem com um enorme facão de açougueiro. Johnson saltou de seu carro e, gritando, correu na direção do agressor, que largou o facão e fugiu. Após uma rápida perseguição, Johnson o agarrou e o imobilizou contra a parede até a chegada da polícia, que prendeu o marginal por tentativa de assassinato. Curada dos vários cortes sofridos, Wen Ting Huang disse que estava feliz por Johnson ter evitado que ela se tornasse mais uma vítima de assassinato.

ALPINISTA RESGATA MONTANHISTA FERIDO NO MONTE EVEREST

David Swift, de Plymouth, Inglaterra, estava em uma expedição rumo ao pico do Monte Everest, em 2004. A 7.800 m de altitude, seu grupo deparou com dois alpinistas em estado desesperador. Um deles estava com a perna quebrada. O outro, o australiano Peter Madew, fora cegado pela neve, tinha o corpo quase congelado e estava muito desidratado. O resto do grupo desceu o homem com a perna quebrada em uma maca, enquanto Swift se dispôs a levar Madew, que não podia ver nem usar as mãos durante a traiçoeira montanha abaixo. "Eu amarrei uma corda entre nós, e começamos a descer a montanha", lembra Swift. Demorou angustiantes sete horas, mas Swift conseguiu conduzir Madew ao acampamento-base, de onde o levaram para um hospital em Katmandu. O resgate impediu que Swift realizasse o sonho de sua vida: alcançar o topo da montanha mais alta do mundo, o Monte Everest, com seus 8.848 metros de altitude. "Foi duro chegar tão perto do cume e depois ter de voltar", lamentou Swift. "Mas pensei que se eu estivesse no lugar daquele homem ferido, certamente gostaria de ter alguém para me ajudar."

"Coragem e perseverança possuem um talismã mágico, diante do qual as dificuldades desaparecem e os obstáculos se desmancham no ar."

John Quincy Adams,
sexto presidente norte-americano (1767-1848)

POLICIAIS BRITÂNICOS AGEM EM NOVA YORK

Um casal britânico (ambos policiais) passava férias na cidade de Nova York, em 2004, quando deteve um violento criminoso exatamente no último de seus dias livres. Colin "Spike" Webber, de 37 anos, e sua mulher, Claire Webber, de 38 anos, foram comprar um colar quando ouviram um tumulto. De acordo com a polícia, o marginal Abraham Sariashvili esfaqueara o negociante de diamantes Arsen Arabayev e correra em fuga. Ao ver aquele homem correndo com uma faca ensanguentada na mão, Colin não se conteve. Alcançou e derrubou o pilantra na calçada, segurando-o até a polícia chegar. Enquanto isso, Claire controlava a multidão. O casal recebeu um diploma de agradecimento da polícia de Nova York e um pingente de diamante de um jornal local, mas os Webber disseram que já estavam muito gratos por toda a atenção. "Nós cumprimos nosso dever, não é nada de mais", afirmou Claire. "Quando se é policial, fica-se a postos 24 horas por dia, sete dias por semana."

MOTORISTA DESMAIADO É RESGATADO EM RIO

Em 2002, Phillip H. Estes, de 68 anos, dirigia seu caminhão quando saiu da estrada e caiu no Rio Yakima, perto de Richmond, Washington. Inconsciente na boleia, Phillip seguia a correnteza do rio para a morte. Vendo aquele drama fatal, David Brons, um encanador de 31 anos, pulou no caudaloso rio e nadou até o caminhão. Conseguiu pular sobre a boleia e tentou inutilmente quebrar o vidro traseiro da cabine. Gritou então para os curiosos na margem do rio, pedindo que lhe jogassem uma pedra, com a qual ele quebrou a janela. Brons gritou novamente, pedindo uma faca, a qual foi jogada para ele. Então, ele submergiu e abriu à força a porta do motorista. Conseguiu cortar o cinto de segurança e levou o motorista à superfície. Phillip passou duas semanas no hospital, mas por fim se recuperou dessa traumática experiência.

PORQUINHA AJUDA A SALVAR DONA INFARTADA

Em 1998, Joanne Altsman estava só em seu *trailer* em Presque Isle, na cidade de Erie, Pensilvânia, tendo por companhia apenas um cachorro e uma porquinha, quando começou a sentir dores no peito. "Alguém me ajude! Socorro, uma ambulância!", gritava Altsman. Ninguém ouvia. Seu cão estava em pânico, mas graças a LuLu, sua barriguda porquinha de estimação, Joanne, de 57 anos, sobreviveu. LuLu parecia entender os gritos de sua dona: saiu correndo do *trailer*, empurrou o portão e correu para a estrada. Lá, ela rolava no chão e sacudia os pés para cima, até que um motorista parou e a seguiu até o *trailer*. Lá chegando, e vendo o estado de Joanne, ele chamou ajuda. Os médicos disseram que LuLu salvara a vida de sua dona. Se a ajuda tivesse chegado 15 minutos mais tarde, Joanne teria morrido.

BANCÁRIO ENFRENTA BANDIDO PARA SALVAR COLEGA

Abril de 2002, cidade de Harlan, Kentucky. Durante um assalto ao banco em que trabalhava, Jerry Gibson, bancário, observava sua colega de trabalho, Jennifer Petrey, de 37 anos, ser levada como refém a uma sala de serviço. Mesmo desarmado, Gibson partiu para cima do assaltante, agarrando-o e permitindo que sua amiga escapasse. O bandido tentou atirar nele, claro, mas Gibson conseguiu segurar seu braço. Começou então uma feroz luta pelo controle da arma. Um tiro foi disparado, mas não acertou ninguém. Mesmo tendo as mãos mordidas pelo bandido, Gibson conseguiu pegar a arma e tirar as balas. Em seguida, retirou o meliante do banco e o entregou à polícia, antes de ir ao hospital tratar das feridas causadas pelas múltiplas mordidas e cortes.

PESCADOR MANTÉM SANGUE-FRIO EM LAGO CONGELADO

No inverno de 2003, Christopher Garon aproveitava um dia no Lago St. Clair, em Michigan, para pescar sob a calota de gelo. Cavara um buraco e estava ali, esperando algum peixe beliscar sua isca, quando viu um companheiro desabar sob uma fina camada de gelo e afundar. Logo um grupo de pescadores veio em socorro, mas se afastaram quando o gelo começou a rachar diante deles. Alguém tentou ajudar, pulando na água gelada e segurando o pescador, mas logo ambos estavam paralisados pela hipotermia e incapazes de sair da água gelada. Garon então correu até eles, jogou uma corda e puxou-os com toda sua força. O gelo começou a rachar, mas Garon não arredou pé e acabou conseguindo tirá-los dali antes que o gelo rachasse de vez.

MENINA PROTEGE BEBÊ DE CÃO SELVAGEM

"Dingo! Dingo!", gritou Georgia Corke, de 5 anos, quando um cão selvagem entrou pela porta do quintal e se dirigiu à cama onde estava sua irmãzinha de 14 meses, Scarlette, em quarto de hotel de Fraser Island, Austrália, em 2004. Georgia colocou-se entre sua irmã e o dingo, bloqueando o caminho do animal, indo para frente e para trás a cada vez que este tentava alcançar o bebê. Ao ouvir os gritos, os pais de Georgia correram para o quarto e a viram diante do animal, que rosnava. "Foi algo terrível. O cão selvagem não desistia", disse a mãe de Georgia, Belinda. Seu marido afugentou o dingo, que fora provavelmente atraído pelo doce cheiro de leite do bebê. Dingos são conhecidos na Austrália por abocanhar e matar crianças. Três anos antes, na mesma ilha, um dos cães selvagens havia destroçado um bebezinho de 19 meses.

SOLDADO TOMA ATITUDE E SALVA PELOTÕES

O cabo James Slaton, de 39 anos, ex-taxista de Gulfport, Mississippi, liderava a escolta de uma unidade de infantaria enviada para abater atiradores de elite nazistas que tinham encurralado dois pelotões em um campo de batalha na Itália, em 1943. Slaton correu à frente de sua unidade e pulou sobre um muro de pedra, bem à frente do primeiro ninho de metralhadoras inimigas. Sem pensar, enfiou sua baioneta em um nazista e atirou em outro em seguida. Com balas zunindo a seu lado, correu em campo aberto até um segundo ninho, onde atirou uma granada. Slaton continuou correndo, abatendo os nazistas do terceiro ninho com seu rifle. "A ação toda durou só uma hora, mas o tempo me pareceu bem mais longo", declarou ele depois ao *New York Times.* Seu ato solitário de bravura, que salvou os pelotões, lhe valeu uma Medalha de Honra.

MENINA ASSUME VOLANTE E SALVA ALUNOS

Quando levava seus alunos para um acampamento em 2003, o professor de primário Rodney Booth desmaiou ao volante em uma autoestrada de Denver, a mais de 100 quilômetros por hora. O carro bateu na mureta de proteção duas vezes e ficou desgovernado. No banco traseiro, a aluna do quarto ano Sarah Harmon imediatamente pulou para o banco dianteiro e assumiu o volante. "Acorde, Sr. Booth!", gritou a assustada menina. Sarah conseguiu atravessar a pista em meio ao tráfego e segurar o carro ao passar sobre o gramado, antes de parar em uma estrada de terra. Daí ela encontrou o celular do professor e ligou pedindo ajuda. Enquanto esperavam, a corajosa garotinha acalmava as outras assustadas crianças. O professor Booth se recuperou e deu a Sarah uma nota A por sua bravura.

VIZINHO RESGATA IDOSOS DE EXPLOSÃO

A casa rapidamente ficou em chamas após um vazamento de gás que causou uma explosão em Modesto, Califórnia, no ano de 2002. A casa pertencia a Katherine Maddox, de 80 anos, e Wayne Maxwell, de 72 anos. Com sérias queimaduras, Katherine tentava desesperadamente abrir a porta da frente quando seu vizinho, o operário de construção aposentado Steve G. Montelongo, de 62 anos, chutou a porta e conseguiu retirá-la da casa. Ele correu de volta e viu Wayne na cozinha. Nesse momento, o fogo bloqueara o caminho da porta da frente e o entulho obstruíra a porta de trás. Steve viu outra porta e a arrebentou com os pés, mesmo descalços – pois tinha dado os sapatos para Wayne. A casa ficou totalmente destruída, mas graças a seu vizinho, Katherine e Wayne sobreviveram.

CÃO DE ESTIMAÇÃO TORNA-SE HERÓI NO TITANIC

Um belo cão terra-nova chamado Rigel, animal de estimação do imediato do Titanic, foi elevado à categoria de herói após a famosa tragédia. Após a colisão com um iceberg e o consequente afundamento naquela fatídica noite de 14 de abril de 1912, Rigel nadou durante cerca de três horas, com a temperatura da água em −28°, em busca de seu dono. De acordo com relatos de jornais, o cão se aproximou de um bote repleto de sobreviventes exaustos e congelados, fracos demais para gritarem pelo Carpathia, o navio que rumara para o local. Naquela escuridão, a tripulação do Carpathia não conseguiu ver o bote boiando bem à sua frente. Mas então a tripulação ouviu o latido de um cão. Era Rigel, nadando em frente ao bote. Ao ouvir os latidos, o capitão do Carpathia penetrou na escuridão e avistou os sobreviventes. Todos foram resgatados em segurança. Não fosse o corajoso cão, o navio certamente teria atropelado o bote. Infelizmente, apesar de Rigel ter sido salvo, ele perdeu a pessoa que mais amava no mundo. Seu dono nunca foi encontrado.

"Um herói (ou heroína) é alguém que deu sua vida para algo maior do que si mesmo."

Joseph Campbell (1904-1987),
escritor e estudioso norte-americano

GAROTO RESGATA OUTRO GAROTO EM CANAL

Com apenas 10 anos de idade, Daniel Penden já sabe como é ser herói. Quando passava a Páscoa em Edimburgo, Escócia, em 2004, o garoto de Manchester, Inglaterra, estava alimentando patos ao longo do canal quando viu alguém se debatendo na água. Outro garoto – Ross Hunter, de 8 anos – tentara pegar um brinquedo que avistara na água e tinha caído nela. Quando Daniel viu Ross "batendo os braços como se não soubesse nadar" e viu sua cabeça afundar, ele soube que tinha de agir rápido. "Corri até um pequeno recife e tentei agarrá-lo", lembrou Daniel. "Peguei o braço dele e o puxei para o recife, onde ele conseguiu firmar os pés e subir." Daniel então levou o menino até a casa dele – de Ross –, onde, lembra o pequeno herói, "a mãe dele me agradeceu muito".

UM HERÓI HISTÓRICO
Jim Lovell

O astronauta Jim Lovell estava a um dia de realizar seu sonho de caminhar na Lua, mas aconteceu um desastre em abril de 1970. Após um forte estouro, seu módulo lunar de três lugares – a Apolo 13 – começou a girar e a soltar peças. "Houston, temos um problema", disse Lovell via rádio à Nasa, enquanto os sistemas do módulo enguiçavam. Lovell e os tripulantes Fred Haise e Jack Swigert, além dos cientistas em terra, começaram a improvisar de maneira frenética, tentando descobrir como voltar à Terra. Os astronautas estavam suportando temperaturas baixíssimas, pouco oxigênio e privação de sono, mas com uma disciplina quase sobre-humana, conseguiram voltar à Terra. Lovell afirmou que não teve tempo de ficar com medo. "Estávamos realmente muito ocupados." Quando foi saudado como herói, não viu suas ações na Apolo 13 como algo de extraordinário. "Olhe, a situação pesou para o meu lado, e eu fiz meu trabalho", declarou aos repórteres.

Lovell escreveu um livro sobre a missão, Apollo 13: Lost Moon, *que recebeu uma adaptação de sucesso para o cinema – o filme* Apolo 13, *com Tom Hanks.*

SALVOS DE EPIDEMIA
FATAL NO ALASCA

Uma epidemia de difteria ameaçava toda a população de Nome, no Alasca, durante o inverno de 1925. O doutor Curtis Welch sabia que seus pacientes – muitos deles, crianças – morreriam sem o envio de soro. Mas o porto estava congelado e a ferrovia mais próxima estava a quase 1.200 quilômetros. Além disso, formava-se uma nevasca, o que impedia qualquer voo. Apenas trenós puxados por cães podiam fazer isso. Assim, muitos condutores, vários deles esquimós nativos, reuniram-se e partiram durante a noite, sob temperaturas de até –60°, através de montanhas, rios e do traiçoeiro gelo da Baía de Norton Sound. Um bravo cão chamado Togo liderou sua matilha por longos 560 quilômetros, atravessando tempestades, sofrendo terrivelmente e quase sem descanso. Destacaram-se ainda o famoso guia Leonhard Seppala e seu cão, Balto, que trilharam o perigoso e longo trecho final. Graças à heroica corrida de mil quilômetros em busca do soro, os bravos guias e seus cães salvaram a cidade de uma epidemia fatal.

COMISSÁRIA DE BORDO MOSTRA CORAGEM EM QUEDA DE AVIÃO

Em abril de 1936, Nellie Granger, comissária de bordo da companhia aérea TWA, tornou-se uma heroína após seu avião colidir contra a lateral de uma montanha perto de Uniontown, Pensilvânia. Onze das catorze pessoas a bordo, incluindo o piloto, o co-piloto e o prefeito de Newark, New Jersey, tinham morrido. Nellie foi lançada a 40 metros dos escombros, mas sobreviveu. Próximos estavam dois passageiros, vivos e conscientes, mas muito feridos para se mexerem. Então Nellie foi atrás de ajuda, tateando em meio à pesada neblina e agudos ventos, até chegar a uma estrada vicinal. Conseguiu chegar à casa da senhora Ray Addis, de onde telefonou pedindo socorro. "Ela tinha um calombo enorme na cabeça, as pernas cortadas, hematomas, e suas roupas estavam rasgadas e queimadas", lembrou Ray. "Ela disse que tinha de voltar ao avião acidentado." Nellie, enfermeira formada, retornou ao local e cuidou dos passageiros até que chegassem as ambulâncias. Autoridades declararam que os esforços da comissária salvaram as vidas dos passageiros.

VOVÓ PULA EM BUEIRO E SALVA NETINHO

Em 2004, a cidade de Nova York a saudou como a Vovó Heroína quando, apenas duas semanas após uma cirurgia no coração, esta corajosa senhora de 70 anos pulou em um bueiro para resgatar seu neto de 17 meses. O pequeno Dominick Chrostowski estava brincando em um parque do Brooklyn quando veio a tempestade que o sugou para dentro de um bueiro coberto por um saco de plástico preto. Sua avó Theresa tentou puxá-lo, mas não conseguiu trazê-lo de volta. Ela pediu ajuda a dois homens que passavam por ali, mas eles a ignoraram. Então Theresa pulou, agarrou o garoto e entregou-o a uma mulher que tinha vindo em seu socorro. Trabalhadores de conservação do parque disseram que vândalos provavelmente tinham levado a tampa do bueiro. Theresa e Dominick foram levados ao hospital e liberados após alguns exames.

"Não ter heróis é não ter aspirações, é viver no passado, é ser jogado de volta à rotina, à sensualidade e ao estreito ego."

Charles Horton Cooley (1864-1929),
sociólogo norte-americano

PRÊMIO NOBEL POR PLANTAR 30 MILHÕES DE ÁRVORES

Conhecida na África simplesmente como Mulher-Árvore, Wangari Maathai, do Quênia, começou a ser chamada assim em 1977, quando plantou sete árvores no Dia da Terra. Ela começava a imaginar se as árvores não poderiam solucionar dois dos maiores problemas de seu país: o empobrecimento e opressão das mulheres e as florestas devastadas. Logo fundou um grupo chamado Green Belt Movement, dedicado a ensinar às mulheres como plantar árvores. Além do caráter de proteção ao meio ambiente, a iniciativa tinha por objetivo desenvolver a auto-estima e o senso de cidadania das mulheres envolvidas no projeto. Através dos anos, Maathai foi ridicularizada, presa e surrada por protestar contra a política ambiental do governo. Mesmo quando seu marido a abandonou, ela não perdeu a determinação. Em 2004, quando seus esforços tinham alcançado a marca de 30 milhões de árvores plantadas e resultaram em novas medidas para salvaguardar o ambiente na África, Maathai recebeu o reconhecimento que merecia. A ativista ambiental de 64 anos tornou-se a primeira mulher africana – e somente a décima segunda mulher na História – a receber o prestigiado Prêmio Nobel da Paz. Questionada sobre o que viria após ser laureada com o prêmio, respondeu: "Mais árvores. Vou plantar mais árvores".

Para mais informações, acesse:
www.greenbeltmovement.org

GAROTA AUSTRALIANA ENFRENTA CROCODILO

Em abril de 1982, uma corajosa garota australiana de 12 anos evitou que um amigo caçador se tornasse jantar de crocodilo. Peta-Lynn Mann, 1,56 metro e 50 quilos, embarcou em uma caçada na selva com o amigo da família Hilton Graham, de 25 anos, quando o réptil de 3,5 metros abocanhou o braço esquerdo do rapaz e o puxou para a água. Em vez de sair correndo, Peta-Lynn pulou na água. "Aguenta aí!", gritou, enquanto o crocodilo começava a chacoalhar Graham. Ela segurou seu braço direito e puxou com toda a sua força, mas o réptil submergiu nas águas profundas com ambos. De repente o bote do crocodilo perdeu a firmeza e Peta-Lynn soltou seu amigo das presas da morte, puxando-o para terra firme e levando-o logo em seguida para um hospital. Peta-Lynn, que recebeu um prêmio por sua bravura, disse que se sentia muito orgulhosa em ter podido ajudar seu amigo, salientando: "Não é nada perto da vergonha que eu sentiria se não tivesse agido".

GATO ALERTA SOBRE COLAPSO RESPIRATÓRIO DE BEBÊ

Bernita e Roy Rogers, de Fort Leavenworth, Kansas, queriam muito ter filhos, mas três de seus bebês tinham morrido durante o parto e eles temiam que seu sonho nunca se realizasse. Em 1986, para a alegria do casal, Bernita deu à luz uma saudável menina, Stacey. Seis semanas depois, Bernita colocou o bebê no berço para uma soneca e foi para a outra sala, a fim de descansar. Mas seu gato, Midnight, não a deixava em paz. Ele ficava pulando em seu colo e arranhava suas pernas. Ela o afastava, mas ele insistia. Por fim, o gato entrou no quarto do bebê e começou a gemer. Alarmada, Bernita correu para ver o que o incomodava. Ela ficou horrorizada quando viu Stacey, já roxa, sufocando. A garotinha tivera uma parada respiratória, resultado de uma infecção viral. Graças ao salvador alarme de Midnight, Stacey foi levada às pressas ao hospital, a tempo de se recuperar totalmente.

MOTORISTA DE ÔNIBUS FRUSTRA HOMEM-BOMBA

Em Tel-Aviv, no ano de 2002, o motorista de ônibus Baruch Noyman viu um passageiro cair e bater a cabeça após tentar pular para dentro pela porta traseira. Noyman parou e, com um médico que estava no ônibus, correu até o homem que sangrava. Ao abrir-lhe a camisa, Noyman viu um fio e presumiu que ele usava um marcapasso. Mas então se deu conta de que estava errado. "É um homem-bomba!", gritou Noyman aos passageiros. "Corram!" Nesse momento, o terrorista ferido tentou se soltar, mas o motorista e o médico o seguraram firmemente no chão, enquanto todos na rua procuravam se proteger. Quando a rua ficou vazia, Noyman e o médico saíram em disparada. O terrorista saiu correndo e, a cerca de 35 metros do ônibus, detonou os cinco quilos de explosivos que amarrara a seu corpo. Uma mulher morreu na explosão, mas a polícia israelense declarou que o dano poderia ter sido "catastrófico", não fosse o ato de bravura do motorista e do médico.

CAMINHONEIRO SALVA POLICIAL EM APUROS

Em 1999, o caminhoneiro David Zorn, de 43 anos, dirigia em uma estrada interestadual na Geórgia, quando viu um policial em apuros no acostamento. Ele estava brigando com um homem bêbado, que o dominava no chão e tentava pegar sua arma. Zorn freou sua carreta de dezoito rodas e, brandindo uma lanterna, partiu para cima do agressor. "Não me machuque!", gritou o bêbado quando Zorn o apanhou e o imobilizou no solo, até o policial chegar com as algemas. "Estou contente por cumprir meu dever cívico", declarou Zorn. "E faria tudo de novo."

"Você ganha força, coragem e confiança em cada experiência na qual encara o medo. É capaz de dizer a si mesmo: 'Passei por este horror. Posso encarar o que vier'. Faça aquilo que acha que não pode fazer."

Eleanor Roosevelt (1884-1962),
primeira-dama dos Estados Unidos

VIZINHO SALVA JOVENS DE ATAQUE DE CÃO BRAVO

O aposentado C. James Rospert, de 68 anos, salvou dois jovens de um cão bravo em Bellevue, Ohio, em maio de 2003. O cão, de 35 quilos, tinha atacado um garoto e depois avançou contra a própria dona, Rachael Baughn, de 16 anos, mordendo-a nos braços e nas pernas. Ao ouvir os gritos de Rachael, seu vizinho Rospert vestiu um par de grossas luvas de couro e correu na direção do animal. Este, por sua vez, largou Rachael e voltou-se contra Rospert. Antes de a polícia chegar, o selvagem cão dera três profundas mordidas em Rospert, as quais exigiram cirurgia e deixaram cicatrizes. Mas graças ao ato corajoso do vizinho, o garoto e Rachael escaparam de mais ferimentos. O cão foi sacrificado.

CÃO *TERRIER* TESTEMUNHA NO TRIBUNAL

Rusty Bud era um *terrier* de pelo duro que pertencia ao roteirista nova-iorquino Jack Barton Loeb. Em uma noite de 1937, Loeb ouviu seu companheiro canino latir e o encontrou perseguindo um ladrão em torno da sala. O gatuno fugiu do apartamento, correndo em disparada pelas escadas e pela porta do prédio – com Rusty em seus calcanhares. Loeb chamou a polícia e saiu correndo, de pijama mesmo, atrás de seu parceiro. Rusty tinha cercado o ladrão, Frank Lucca, diante de um prédio próximo, rosnando ao menor movimento do meliante. "Tira ele daqui! Tira ele daqui!", suplicava o escroque. "Ele está mordendo meus tornozelos!" Só após a chegada da polícia Loeb mandou seu valente cão relaxar. Durante o julgamento de Lucca, Loeb levou Rusty Bud ao tribunal. O cão foi colocado na mesa do promotor público, diante do júri, e imediatamente começou a rosnar para Lucca, o que o levou a ser declarado culpado.

CICLISTA EVITA ESTUPRO EM PARQUE

Em 1996, Bridget Scarpinato curtia um passeio de bicicleta em um parque de Massapequa, Long Island, quando viu algo estranho. Um homem que andava de bicicleta pouco antes agora estava a pé, seguindo uma garota de 19 anos que praticava corrida. Scarpinato virou-se e decidiu seguir o homem a uma distância segura. Poucos momentos depois, ela ouviu um grito. Pedalou até o local de onde vinha a voz e viu que o homem tinha arrastado a garota até o meio do mato e a estava atacando. "Fiquei com muita raiva e comecei a gritar com ele", declarou a ciclista de 50 anos ao *New York Times.* Ela assustou o pretenso estuprador e chamou rapidamente a polícia, que o encontrou após as descrições que ela passou. "Eu não tive medo", afirmou Scarpinato. "Talvez eu tenha sido burra, mas eu faria tudo de novo."

PADRE SOCORRE ÓRFÃOS MEXICANOS

Em 1954, um menino de rua foi pego roubando moedas da caixinha de esmolas de uma igreja em Cuernavaca, México. A polícia estava pronta para prender o pequeno ladrão, mas o padre William Bryce Wasson convenceu-a a ceder-lhe a custódia do garoto. Alguns dias depois, a polícia ligou novamente, perguntando se o padre estaria disposto a ficar com outros oito jovens delinquentes. O padre Wasson concordou e, a partir daí, decidiu que era seu dever ajudar as crianças mexicanas sem moradia. Ele fundou um lar de adoção – Nuestros Pequeños Hermanos – que dava esperança a milhares de meninos e meninas. Lá pelo ano de 2000, o padre Wasson tinha, pelo NPH, casas, escolas e clínicas médicas no Haiti, México, Nicarágua, Guatemala, El Salvador e Honduras, ajudando mais de 25 mil crianças. Muitos destes outrora desesperançados jovens tornaram-se professores, levando à frente o trabalho iniciado pelo padre Wasson, que recebeu o Kellogg's Hannah Neil World of Children Award.

GAROTO RESGATA PILOTO COM UM GALHO

Em 1997, Dustin Dishon, de 8 anos, de Buford, Dakota do Norte, viu um pequeno avião em apuros. Dentro dele, o piloto de táxi aéreo Dennis Safranek, de 48 anos, tentava pousar seu hidroplano no Rio Missouri, mas bateu em uma pedra no rio. O avião virou de bico e começou a afundar, enquanto o piloto lutava contra a correnteza do rio. Dustin viu o acidente, apanhou um galho de árvore caído e começou a correr ao longo da margem do rio atrás de Safranek, que se debatia. Por fim, conseguiu chegar perto o bastante para que Safranek pudesse agarrar o galho. Dustin, apesar de sua tenra idade, conseguiu então trazê-lo em segurança. "Se não fosse por ele", disse Safranek, "eu não teria sobrevivido".

PROFESSORA DESARMA RAPAZ EM ESCOLA

Em um certo dia do ano de 2000, na cidade de Berlin Center, Ohio, a professora de História Linda Robb, de 51 anos, ouviu uma agitação na sala de aula ao lado e foi verificar. Ela ficou chocada ao ver um perturbado garoto de 12 anos com uma pistola semiautomática calibre 9 mm, mandando os 26 alunos e o professor de 24 anos deitarem no chão. Linda sabia que tinha de pensar rápido para evitar um massacre. Ela entrou na sala e disse ao garoto: "Eu o amo e me preocupo com você". O garoto caminhou até a porta de entrada, e Linda o abraçou. "Dê-me esta arma", pediu. Para surpresa dela, ele entregou a pistola, evitando assim uma tragédia. "Os outros garotos ficaram absolutamente aterrorizados", declarou Linda. "Eu pensei que ele podia me matar, mas eu não tinha nenhum plano B, então aquilo tinha de dar certo." Desde esse incidente, Linda mantém correspondência com o perturbado rapaz, que agora a tem como uma avó.

MENINO É SALVO
NA LINHA DO TREM

Em 2002, a colegial Kassandra Jenne Guyman, de 17 anos, de Clifton, Utah, sabia que o menininho que ela vira andando sobre a linha ferroviária não era dali. Então ela parou na casa mais próxima, esperando descobrir onde a criança morava. Mas antes de ouvir qualquer resposta, ela ouviu o som de um trem se aproximando. Em pânico, Kassandra correu por 70 metros, até onde estava o garoto – bem no caminho de uma locomotiva, que se aproximava a 65 quilômetros por hora. Com o trem a cerca de 30 metros de distância, Kassandra conseguiu alcançar o menino, tirando-o da linha poucos segundos antes que as enormes rodas passassem sobre ele.

Para mais informações, acesse:
www.carnegiehero.org

PILOTO ACENDE A CHAMA DO HEROÍSMO

O piloto de primeira classe John Levitow, de 23 anos, estava em sua 181ª missão de combate aéreo como líder de um avião de carga em uma missão noturna perto de Saigon, Vietnã, em 1969. O trabalho de Levitow naquela noite era preparar sinalizadores de magnésio para serem lançados do bimotor AC-47, conhecido como Spooky 71. Levitow acabara de passar um sinalizador para o artilheiro, quando um míssil acertou o avião. Os estilhaços atingiram a tripulação, e o Spooky 71 entrou em queda brutal. Enquanto tentava tirar um colega da porta aberta do cargueiro, Levitow, que sangrava muito, notou que um sinalizador estava aceso, armado e rolando pelo chão da aeronave. Um sinalizador queima a 4.000 graus e, se fosse acionado dentro da nave, poderia facilmente derreter a fuselagem. O avião estava inclinando e rodopiando, enquanto o piloto tentava desesperadamente retomar o controle. Apenas poucos segundos antes da ignição do sinalizador, Levitow rastejou sobre o objeto e atirou-o pela porta do avião. O sinalizador explodiu logo depois no ar, e o avião conseguiu voltar em segurança à base. Levitow, que realizou mais vinte missões, foi agraciado com a Medalha de Honra por salvar o Spooky 71.

DEFICIENTE FÍSICO SALVA MULHER EM INCÊNDIO

O fato de não ter uma perna não impediu um britânico de ajudar um vizinho em apuros, em 2003. Quando Philip Couch, de 34 anos, de Devon, Inglaterra, percebeu que a casa de sua vizinha Jessie Carter, de 80 anos, estava pegando fogo, ele pulou com uma só perna entre as chamas, jogou fora suas muletas e entrou na casa, rastejando sob a pesada fumaça, que pairava a apenas 30 centímetros do chão. Mesmo com os olhos cheios de lágrimas que o impediam de enxergar, ele foi capaz de encontrar sua vizinha idosa. Depois, seguindo a voz de sua mulher, que estava do lado de fora, levou sua vizinha para longe do perigo. Couch, que perdera a perna por causa de um câncer aos 20 anos, disse que não se considerava um herói. "Quando eu vi a fumaça, meu cérebro simplesmente acionou o piloto automático", afirmou.

"Quando a vontade desafia o medo, quando o dever desafia o destino, quando a honra despreza o compromisso com a morte – isto é heroísmo."

Robert Green Ingersoll (1833-1899),
estadista e orador norte-americano

SOBREVIVENTES DE PESADELO NO PÓLO SUL

Em 2003, os aventureiros Colin Bodill, de 44 anos, e Jennifer Murray, de 63 anos, tentavam o recorde da volta ao mundo através dos pólos Sul e Norte em um helicóptero. Mas eles mergulharam em um terrível pesadelo na Antártida, quando o helicóptero caiu durante uma nevasca. Apesar de uma lesão na coluna e ferimentos no peito, Bodill enfrentou os fortes e gélidos ventos e retirou Jennifer, que estava inconsciente, das ferragens. Ele a colocou em um saco de dormir e montou uma tenda para proteger ambos do clima brutal – a temperatura caíra a 50° abaixo de zero – antes que morressem por causa dos ferimentos. Quatro horas depois, foram resgatados e levados para um hospital no Chile. Ambos se recuperaram, e Bodill recebeu uma menção da Royal Humane Society por suas ações salvadoras.

POLICIAL DETÉM CAVALO EM DISPARADA

Em 1907, um cavalo de corrida se assustou ao tentarem colocá-lo em sua baia de ferro, em um caminhão de carga. Ele começou a galopar colina abaixo, na direção de um grupo de pequenos alunos que atravessavam uma rua de Nova York. Felizmente o policial Charles M. Murphy estava fazendo sua ronda. Anos antes, ele se tornara famoso como "Milha Minuto" Murphy por seguir uma locomotiva a 100 km/h em sua bicicleta. Agora, Murphy queria demonstrar a mesma força e vontade de ferro. Ele afastou as crianças e colocou-se à frente do corcel, que corria sem rédeas nem cabresto. Quando o garanhão avançou sobre ele, Murphy deu um salto, pulou sobre o animal e segurou-se em seu pescoço. Murphy continuou apertando seu pescoço, tentando sufocá-lo. Por fim, o cavalo enfraqueceu e parou. Murphy então levou-o calmamente até seu dono e, sem uma palavra sequer, retornou à sua ronda.

CÃO PROTEGE A DONA CONTRA AGRESSOR

"Vou te cortar, vou te matar", gritava o agressor, enquanto mantinha uma faca na garganta da ex-modelo Carina Schlesinger, 25 anos. A bela dinamarquesa estava passeando com seu cão Cookie, um pastor alemão, no Central Park, em maio de 2004, quando o vadio a agarrou, puxou a faca e começou a forçá-la. Schlesinger resistiu valentemente, chutando-o tão forte, que o agressor pulou longe. Enquanto isso, Cookie entrava em ação. Mostrando seus dentes afiados, pulou sobre o vadio, mordendo-o três vezes antes que ele fugisse entre os arbustos. Cookie não só salvou sua dona, mas ajudou a capturar o criminoso, pois o sangue do agressor no pelo de Cookie serviu como importante prova de DNA. Schlesinger, que adotara Cookie de um canil de New Jersey quatro anos antes, disse: "Ele é meu herói". Alguns meses depois, o cão recebeu uma homenagem da North Shore Animal League America por sua bravura.

Para mais informações, acesse:
www.nsalamerica.org

MULHER RESGATA VÍTIMAS DE TERREMOTO

No ano de 2003, Ruth Millington, de 34 anos, advogada de Sheffield, Inglaterra, estava de férias na cidade de Bam, no Irã, quando um violento terremoto de 6,3 na escala Richter ocorreu na região, destruindo 80% da cidade. Por milagre, ela conseguiu escapar dos escombros sem grandes ferimentos. Ao ouvir gritos, começou a procurar por vítimas soterradas. Mesmo com crises pós-traumáticas, Ruth continuava cavando com as próprias mãos. "Não havia emoção nisso", lembra a advogada. "Só pensava em tirar aquelas pessoas de lá." Demorou cinco horas para ela resgatar um homem que estava sob uma laje de concreto. Com as mãos arranhadas e sangrando, ela conseguiu resgatar dez vítimas, sete das quais sobreviveram. Ruth disse que a experiência mudou sua vida. De volta em casa, ela fundou a instituição de caridade Action for Orphans, que ajuda 3 mil crianças que perderam tudo naquele horrível terremoto, no qual morreram mais de 26 mil pessoas.

Para mais informações, acesse:
www.actionfororphans.co.uk

MOTORISTA DESMAIADO É SALVO EM ESTRADA

Quando dirigia pela Rodovia Interestadual 75 em Cincinnati, Ohio, em 1984, Arthur Naltner, vendedor de 42 anos, surpreendeu-se ao ver uma peça de metal se desprender de um caminhão e atravessar o vidro dianteiro do carro que ia à sua frente. O motorista desse carro, Charles Snowdy, de 25 anos, ficou inconsciente após o impacto, e seu carro continuou andando, agora desgovernado, a cerca de 70 quilômetros por hora. Naltner pensou rápido e colocou seu pequeno carro na frente do espaçoso automóvel de Snowdy, até os parachoques entrarem em contato. Então o vendedor pôde controlar o veículo com o motorista inconsciente, brecando até ambos pararem. Snowdy recuperou-se de seus ferimentos.

Para mais informações, acesse:
www.carnegiehero.org

*"A maioria de nós possui muito mais coragem
do que jamais sonhamos ser possível."*

Dale Carnegie, palestrante motivacional

UM HERÓI HISTÓRICO
Bill Wilson (William Griffith Wilson, 1895-1951)

Após 17 anos bebendo muito, Bill Wilson teve uma experiência religiosa que mudou sua vida, fazendo-o parar de beber. Cinco meses antes, durante uma viagem a trabalho em Akron, Ohio, Wilson pensou que se pudesse ajudar outro alcoólico, talvez pudesse salvar a si mesmo, daí ligou para um amigo que tinha o mesmo vício. Eles conversaram durante horas e Bill manteve-se sóbrio. Logo seu amigo também largou a bebida. Esse dia levou à fundação dos Alcoólicos Anônimos e do revolucionário programa de 12 passos de Bill Wilson, que viriam a se tornar um remédio de sucesso para milhões de dependentes alcoólicos.

Para mais informações, acesse:
www.alcoholics-anonymous.org

PITBULL NÃO É PÁREO PARA GATO CORAJOSO

Sparky, um gato malhado de 4 anos, virou um leão e salvou uma doce *poodle* das presas fatais de um violento *pitbull* na cidade de Dora, no Alabama, em 1989. A dona de Sparky, Teresa Harper, acabara de deixar sua *poodle,* Lacy Jane, do lado de fora de casa, quando ouviu um rosnado e viu um selvagem *pitbull* atacando seu bichinho de estimação. A três metros da varanda, Sparky mostrou suas presas e partiu para cima do cão, arranhando sua cabeça. Pinoteando feito um touro, o *pitbull* por fim se livrou de Sparky e fugiu. Lacy Jane sofreu vários ferimentos ocasionados pelas mordidas do cão, mas recuperou-se e deve sua vida ao valente bichano.

FUZILEIRO DETÉM ATIRADOR EM RODOVIA

Em 2002, na Rodovia Interestadual Californiana 5, o caminhoneiro Brian Naylor, de 23 anos, viu um homem no acostamento junto a um maltratado Cadillac e parou para perguntar se ele precisava de ajuda. Inexplicavelmente, o motorista, Henry Ricardo Enciso, de 26 anos, ficou irado, sacou uma arma e começou a disparar. Atingido seis vezes, Naylor cambaleou até a rodovia, acenando como louco por ajuda, mas ninguém sequer diminuiu a velocidade. Entretanto, o fuzileiro Trevor Farley, que tivera uma reunião em uma base próxima, ouviu os disparos. Farley correu cerca de 100 metros até o homem ferido, mesmo com Enciso disparando seguidamente. Farley foi atingido duas vezes, mas ainda tentava carregar Naylor para um lugar seguro. Enciso resistiu em se entregar quando a polícia chegou, então foi morto. Ironicamente, Farley fora à base naquele dia para acertar sua dispensa militar por causa de um problema no joelho que o impedia de cumprir seu dever. "Apenas vi alguém em apuros, então reagi à situação", disse o fuzileiro. "Na hora, eu não estava preocupado comigo mesmo."

NÃO SABIA NADAR, MAS PULOU NO CANAL E AGIU

A pouca habilidade para nadar não foi empecilho para o resgate de Ann Adamski, quando seu carro caiu em um canal em Port Richey, Flórida, em maio de 2003. Tracy Olson, de 41 anos, testemunhou o acidente e chamou a polícia, antes de apanhar um martelo e correr para ajudar a motorista de 87 anos que estava presa ao carro que afundava. Tracy não sabia nadar bem, então foi batendo os braços como um cachorrinho e percorreu 6 metros até o carro, que estava com boa parte de sua dianteira debaixo da água. Com o martelo, ela quebrou o vidro traseiro do lado do motorista, alcançou o banco dianteiro e soltou o cinto de segurança de Ann. Então, Tracy nadou de volta ao banco traseiro, de onde puxou Ann para fora do carro imerso. Ann também mal sabia nadar. Porém, juntas, conseguiram chegar à margem do canal.

SOZINHO, SARGENTO ABATE ARTILHEIROS NAZISTAS

Quando a pesada artilharia nazista encurralou seu pelotão durante uma batalha na Alemanha, em 1945, o briguento sargento Nicholas Oresko, de Bayonne, New Jersey, tomou as rédeas da situação. Oresko, de 28 anos, 1,62 metro e 75 quilos de pura luta, saiu em campo aberto sozinho e, correndo, atirou uma granada na metralhadora inimiga e abateu os atiradores com seu rifle. Uma bala o atingiu no quadril, mas ele continuou correndo na direção de um segundo abrigo nazista, atirando sem parar, até chegar perto o bastante para jogar outra granada, acabando assim com o resto dos atiradores. Oresko estava no hospital quando soube, para sua surpresa, que seu ataque lhe rendera a mais alta recomendação militar americana. "As coisas ficam pretas, você faz alguma coisa – por instinto, acho – e de repente você ouve que recebeu a Medalha de Honra do Congresso", declarou ele ao *New York Times*.

PRESOS NA MAIOR MONTANHA DA AMÉRICA DO NORTE

No fim de maio de 1999, na cadeia de montanhas mais traiçoeiras do Alasca, três alpinistas britânicos escalavam a face oeste do Denali (antes chamada Monte McKinley), a maior montanha da América do Norte, com 6.187 metros. De repente, uma terrível tempestade se abateu sobre a montanha e apanhou os alpinistas a 5.700 metros de altitude. Em condições totalmente adversas, indefesos, sofrendo de hipotermia e desidratação, os alpinistas acharam que estavam perdidos. Foi quando o 210° Esquadrão de Resgate da Força Aérea Americana entrou em ação. Estes paraquedistas faziam parte de um time de elite formado por trinta homens treinados para resgatar civis. Arriscando suas vidas, eles enfrentaram os elementos durante a terrível tempestade, finalmente encontrando os encrencados alpinistas e trazendo-os de volta em segurança.

Leia mais sobre o resgate em The Rescue Season: The Heroic Story of Parajumpers on the Edge of the World *[A Temporada de Resgate: a Heróica História dos* Parajumpers *no Fim do Mundo], de Bob Drury (Simon & Schuster, 2001).*

DOENÇA RARA LEVA MÃE A CRIAR FUNDO DE PESQUISA

Em 1996, Jordana Holovach chorou quando seu bebê de 6 meses, Jacob, foi diagnosticado com uma rara doença genética cerebral chamada mal de Canavan. Mas Jordana, de Westchester, Nova York, decidiu usar sua própria dor para ajudar a encontrar uma cura. Ela fundou a Jacob's Cure, arrecadando sozinha mais de US$ 1 milhão para pesquisas de doenças sem cura. Jordana discursou no Congresso, e seu incansável *lobby* ajudou a assegurar uma verba federal de US$ 2,3 milhões para a causa. Jacob não podia andar, falar ou levantar a cabeça, mas foi beneficiado pelas pesquisas que sua mãe ajudou a financiar: um tratamento de terapia genética melhorou a qualidade de vida do menino. "Eu nunca perdi a esperança, porque acredito que podemos encontrar uma cura para a doença", disse Jordana.

Para mais informações, acesse:
www.jacobscure.org

BALEADA NO METRÔ, SOCORRIDA POR PASSAGEIRA

Primeiro foram os sons de disparos; em seguida, a voz de uma mulher. "Meu braço, meu braço! Por favor, me ajudem!", gritou Monica Meadows, de 23 anos, estonteante modelo que andava no metrô de Nova York em 6 de julho de 2004. A maioria dos passageiros fugiu assustada ao ver um maltrapilho atirar na esbelta morena de olhos azuis quando o trem se aproximava de Times Square. Mas a passageira Ashley Ruprecht, de 24 anos, correu até a modelo, mesmo com o agressor solto pelo trem. "Tive medo de que ele voltasse. Fiquei olhando ao redor", declarou ela ao *New York Post*. "Mas eu não queria ver a garota sangrar até morrer." Ashley amarrou um suéter em torno do ferimento, apertando com toda a força. "Fiquei preocupada comigo", disse ela, "mas pensei que se fosse eu no lugar dela, eu ia querer muito que me ajudassem". Apesar de o agressor ter fugido, Ashley ficou aliviada ao saber que, graças a ela, Monica recuperou-se do ferimento.

CACHORRINHA PEDE SOCORRO EM ESTRADA

Em uma chuvosa noite de 1996, Dusty, uma *bichon frisé* de 2 anos, andava de carro com seu dono, Joel Ward, de Ely, Minnesota, quando o veículo derrapou em uma estrada, saiu da pista e caiu em uma ribanceira dentro da mata. Joel ficou preso no carro, ferido. Por milagre, Dusty, que tinha sido atirada para fora do carro, nada sofrera. Ela sabia que seu dono precisava de ajuda imediata. Então, a cachorrinha branca correu pelo mato de volta à estrada, onde ficou no meio da pista, pulando para chamar a atenção dos motoristas. Alguém finalmente parou, e Dusty, certificando-se de que a pessoa a seguia, a levou até o meio do mato, onde se encontrava Joel, dentro do carro destruído. Dusty não saiu de lá até chegar o resgate que levou seu dono ao hospital.

COMISSÁRIO DE BORDO EVITA SEQUESTRO DE AVIÃO

O comissário de bordo Greg Khan, da companhia aérea australiana Qantas, viu um passageiro vir em sua direção com uma lasca de madeira afiada, pouco depois da decolagem do voo 1731, partindo de Melbourne, Austrália, em 2003. "Você não vai até a cabine de comando", bradou Greg, de 38 anos. O agressor, David Mark Robinson, de 40 anos, partiu para cima de Greg, atingindo-o várias vezes nas costas e na cabeça. Mas o comissário estava tão determinado a afastar o agressor da cabine, que mal percebeu que estava sangrando abundantemente por quatro ferimentos na cabeça. Greg imobilizou David no chão e, com vários passageiros e outro comissário de bordo, manteve o tresloucado agressor preso, até os pilotos realizarem um pouso de emergência em Melbourne mesmo. O bravo comissário de bordo se recuperou rapidamente dos ferimentos e ficou feliz por mais ninguém ter saído machucado.

EM VEZ DE FAZER *JOGGING*, EVITOU AFOGAMENTO

Rob Carney estava se preparando para sua corrida em torno de um campo de golfe em Aspen, Colorado, em 2004, quando desesperada uma mulher passou gritando: "Meu namorado teve uma crise e caiu com seu carro no lago!". Carney correu até o lago onde o carro, com o homem dentro, estava afundando. Ele gritou para o motorista abrir a janela, mas o homem estava paralisado, com os olhos vidrados. Então apanhou uma pedra, mergulhou e quebrou a janela do carro. Entretanto, o motorista estava tão desorientado, que não entendeu que Carney estava tentando ajudá-lo. Por fim, Carney abraçou o estático rapaz pelo pescoço, trazendo-o à tona e nadando com ele até a margem do lago. Momentos depois, o carro afundou completamente. O motorista foi tratado e logo deixou o hospital. "Eu tive de fazer aquilo, claro. O pobre rapaz não estava bem", declarou Carney.

GATO DOMÉSTICO ENFRENTA CASCAVEL

Sem seus óculos, Johanna Tanner, de Lompoc, Califórnia, não conseguia enxergar bem, então entrou na sala de estar cuidadosamente, pois tinha ouvido um estranho ruído de guizo. Ao dar um passo à frente, seu gato, Ito, roçou seus tornozelos. Descalça, Johanna seguiu em frente, até Ito ficar na frente dela. Então, ela viu que uma cascavel tinha entrado na casa. O gato atacou a cobra, mas o réptil revidou e picou o valente felino em sua pata dianteira direita. Johanna ergueu Ito nos braços e chamou seu marido, Roger, que matou a cobra. O destemido gato curou-se da picada. "Não consigo deixar de pensar no que teria acontecido se Ito não tivesse visto e enfrentado a cobra", disse Johanna sobre o incidente, ocorrido em 1994.

Leia mais sobre atos heroicos de gatos em Mews Items: Amazing but True Cat Tales *[Notas de Miados: Impressionantes mas Verdadeiras Histórias de Gatos], de Allan Zullo e Mara Bovsun (Andrews McMeel, 2005).*

PESCADOR FISGA MENINO NA CORRENTEZA DO RIO

Armand Grenot pescava na ponte do Rio Cher, em Tours, na França, em um dia de 1961, quando ficou encucado ao ouvir gritos de criança. Ele olhou para baixo e viu, aterrorizado, um menininho que caíra da margem e estava sendo arrastado pela correnteza. Ninguém conseguia alcançar Claude Latapy, de 3 anos. Dois homens mergulharam, mas nem chegaram perto por causa da forte correnteza. Num estalo, Grenot pensou que o pequeno Claude tinha apenas uma chance de sobreviver. "Eu sabia que tinha de pescá-lo", lembra o especialista em anzóis. Com um lançamento perfeito, conseguiu fisgar a jaqueta do menino. Em seguida, cuidadosamente, Grenot foi puxando a linha, enquanto caminhava da ponte para a margem do rio, onde algumas pessoas puxaram o garoto de volta. Claude estava inconsciente, mas rapidamente foi reavivado. "Eu nunca pesquei algo tão importante em toda a minha vida", disse Grenot.

MÉDICO SALVA COLEGA DE PACIENTE PERTURBADA

Em 1995, o médico Anthony Inwald salvou uma vida, mas seu feito não teve nada a ver com ciência médica, e sim com coragem. Enquanto realizava seus atendimentos em um hospital de Londres, ele ouviu um tumulto em uma sala onde outro médico atendia uma mulher com histórico de doença mental. Quando ela começou a agir de maneira agressiva, o médico ativou o alarme interno do hospital. Inwald entrou correndo na sala para ajudar seu colega, mas a mulher, que portava uma enorme faca trinchante, partiu para cima dele. Durante a briga, Inwald foi esfaqueado várias vezes nas costas, até que conseguiu dominá-la, tirar a faca das mãos dela e entregar a mulher à polícia. O doutor Inwald foi seriamente ferido e precisou de dois meses para voltar a seu trabalho regular de salvar vidas no hospital.

*"Um herói é alguém que faz o que pode.
Os outros não fazem."*

Romain Rolland (1866-1944), escritor francês

ÁRVORE CAI E MENINA É SALVA A TEMPO

Em 1990, uma viagem para acampar com a família transformou-se em uma experiência agridoce para Claude Saunders Jr.: ele sofreu sérios ferimentos ao salvar uma vida. Aproveitando a bela natureza de um acampamento florestal perto de Sweet Home, Oregon, Saunders, de 26 anos, percebeu que o tronco de uma árvore de 30 metros começava a cair na direção de Majesta Tatum, de 4 anos, que brincava no campo. Ele correu até a menina e a puxou segundos antes de a árvore tombar. Contudo, a árvore caiu sobre o rapaz, imobilizando-o no chão com a perna direita quebrada abaixo do joelho. Atingida por galhos, Majesta teve duas pernas quebradas e outros ferimentos, mas escapou da morte. Saunders foi hospitalizado durante um mês por causa de seus ferimentos, que incluíram fraturas na pélvis e em ambas as pernas.

ASTRO DO BASQUETE RESGATA VIDAS EM CARRO

O astro de basquetebol da Universidade da Flórida, Jimmy Baxter, provou que pode ser um herói dentro e fora das quadras. Em uma chuvosa noite de 2002, quando voltava para casa por uma estrada de St. Petersburg, ele viu um carro derrapar e cair numa vala. Presos de cabeça para baixo no esfumaçado veículo, estavam Narcia e Ernesto Pavlov, pai e filho recém-chegados da Bósnia. Deixando de lado seu medo da explosão, Baxter parou seu carro e correu até o local. "Socorro, ajudem por favor!", gritava Ernesto, enquanto golpeava as janelas, que estavam travadas. Baxter tentou quebrá-las com chutes, mas não conseguiu. Então, correu até a estrada e acenou para um motorista, que felizmente tinha um pé-de-cabra no porta-malas. "Deus me fez entender o que eu tinha de fazer", afirmou Baxter. Usando o pé-de-cabra como um rebatedor de beisebol usa seu taco, Baxter arrebentou a janela e retirou os Pavlov do carro.

CAVALO DE CORRIDA TORNA-SE HERÓI MILITAR

Reckless foi um cavalo de corrida que se tornou herói durante a Guerra da Coreia. Na verdade, uma heroína, pois era uma égua. Ela entrou para o 2º Batalhão do 5º Regimento da 1ª Divisão dos Fuzileiros Navais quando um oficial comprou a estrela das pistas coreanas de um cavalariço local, que precisava de dinheiro para comprar uma prótese para uma irmã que perdera uma perna. Os militares norte-americanos treinaram Reckless, ensinando-a a carregar munição e, assim – apesar de seu hábito de invadir refeitórios e ter uma queda por cerveja, refrigerante e fichas de pôquer –, a fuzileira de quatro patas serviu o exército com distinção, como importante membro da equipe de munição. "Todo metro que ela avançava estava cheio de explosivos. Ela marchou 51 vezes através das afiadas cercas comunistas – e salvava o dia dos fuzileiros", escreveu o comandante do batalhão, o tenente-coronel Andrew Geer, em um livro sobre o heroico animal: *Reckless, Pride of the Marines* [Reckless, Orgulho dos Fuzileiros]. A valente égua ficou na Coreia quando os fuzileiros voltaram para casa, mas uma série de artigos escritos por Geer e publicados no *Saturday Evening Post* desencadeou um movimento que acabou levando Reckless para os Estados Unidos, onde foi recebida como heroína de guerra. Ela passou o resto de sua vida como mascote do Corpo de Fuzileiros Navais da base militar de Pendleton, na Califórnia.

VIZINHO EVITA QUE HOMEM COLOQUE FOGO NA ESPOSA

Graham Tate, de 40 anos, estava em sua casa em Sommerset, Inglaterra, em 1998, quando ouviu o filho de seu vizinho gritar, desesperado: "Papai vai matar mamãe!". Tate circulou a casa, entrou pela janela da cozinha e viu uma cena horrível. Seu vizinho segurava a esposa pelo pescoço e despejava uma lata de gasolina sobre ambos. Tate correu até o casal e agarrou o vizinho, permitindo que a mulher se soltasse. Durante a briga, o vizinho jogou gasolina sobre o corpo de Tate e, com um isqueiro, ateou fogo em ambos. Tate e o vizinho agressor sofreram graves queimaduras, antes de os bombeiros chegarem em socorro.

CANOEIRO SALVA TRÊS DE AFOGAMENTO EM RIO

Kevin D. Schreier, barqueiro de 20 anos, estava nadando no Rio Delaware, perto de Bushkill, Pensilvânia, em 2002, quando ouviu um tumulto rio abaixo. Nadando até o local do barulho, ele viu dois homens e um garoto se debatendo com todas as forças nas profundas águas, a cerca de 15 metros da margem do rio. Momentos antes, o garoto, Alex Porres, 12 anos, tinha afundado. O pai de Alex, Giovanni, de 36 anos, mergulhara para salvá-lo, mesmo sem saber nadar. O tio de Alex, Rodolfo Colon, de 27 anos, mergulhara para salvar Giovanni, mas também começara a afundar. Schreier alcançou Alex e puxou o ofegante rapaz até os braços dos membros da família que esperavam na margem do rio. Em seguida, foi buscar o pai de Alex. Colon tinha afundado novamente no momento em que Schreier voltava pela terceira vez, mas isso não o deteve. Ele mergulhou e agarrou Colon, que estava se afogando, levando-o com segurança até a margem.

Para mais informações, acesse:
www.carnegiehero.org

"Alimente sua faculdade mental com grandes pensamentos. Acreditar no ato heroico produz heróis."

Benjamin Disraeli (1804-1881),
estadista, primeiro-ministro e escritor britânico

FUNCIONÁRIO DE EXPEDIÇÃO SOCORRE POLICIAL EM APUROS

Quando Jeffrey Mumford, de 37 anos, encarregado de embarque e expedição de mercadorias em St. Louis, trabalhava normalmente em um dia de 2002, ele ouviu gritos. Do lado de fora do escritório, na rua, viu a policial Agatha Santangelo, de 38 anos, em uma desesperada luta. Momentos antes, a policial tomara a faca de um suspeito e o interrogava, quando este a golpeara, derrubando-a no chão e tentando tomar-lhe a faca. Ela estava imobilizada quando Mumford entrou em cena, pulando sobre o agressor e afastando-o da policial ferida. Mumford segurou o meliante até que Agatha o algemasse. A policial, que precisou de hospitalização e terapia física para se recuperar do violento ataque, disse que estava grata por Mumford tê-la ajudado a tempo.

VIZINHO RESGATA MENINO DE CASA EM CHAMAS

Ouvindo a frequência da polícia e dos bombeiros em seu rádio, o mecânico de automóveis Joseph Wayne Wallace, de Tallahassee, Alabama, soube que um incêndio havia sido deflagrado em uma casa perto da sua e que David Lawrence, de 5 anos, morador da residência, estava desaparecido. Wallace correu para o local e arrombou a porta da frente da casa em chamas. "David! David!", gritou o mecânico, incapaz de enxergar através da densa fumaça na sala. Quando o garoto respondeu, Wallace seguiu a assustada voz através de um corredor em chamas até o quarto, do qual teve de arrombar a porta. Ao encontrar o indefeso menino embaixo da cama, Wallace o apanhou em seus braços. Uma viga do teto, em chamas, caiu diante deles, enquanto Wallace engatinhava através do fogo até a porta da frente da casa, mas eles conseguiram chegar sãos e salvos até a rua, neste drama ocorrido em 2002.

CÃO FAREJA INFARTO EM DONO

Em 2003, Steven Boyle, de Narragansett, Rhode Island, sentia-se cansado já fazia três semanas. Mas só quando seu cão, Grommett, começou a agir de modo incomum – rodeando-o, inclinando-se sobre ele e recusando-se a sair de seu lado – é que Boyle decidiu ir ao médico. "Ele me deixou tão perturbado, que decidi ir ao hospital, onde diagnosticaram uma obstrução das vias coronárias", esclareceu Boyle. Ele contraíra um vírus que infectara os músculos de seu coração, fazendo-o inchar até três vezes o normal. Graças ao comportamento do cão, os médicos puderam agir a tempo de salvar Boyle. Grommett, um *golden retriever* que ele adotara de um canil em 1998, já tinha demonstrado sua capacidade de fazer diagnósticos. Poucos anos antes, ele mostrara o mesmo estranho comportamento com um colega de faculdade de Boyle, Francis. Quando Francis foi ao médico, recebeu o diagnóstico de mononucleose.

ALUNA ESCAPA DE SUFOCAMENTO POR PIRULITO

Para Jessica Lesson, 13 anos, de Mechanicville, Nova York, o último dia de aula de 2002 poderia ter sido o último dia de sua vida, não fosse a rápida ação de uma motorista de ônibus. Jessica estava chupando um pirulito no ônibus da escola, quando de repente a bala deslizou por sua garganta, asfixiando-a. A motorista do ônibus, Maria Hopeck, parou o veículo e foi até Jessica. A menina revirava os olhos, lembra Maria, e se debatia violentamente. A motorista retirou Jessica do ônibus e tentou a manobra de Heimlich,* sem sucesso. Ela tentou de novo, e ainda assim o pirulito não se movia. Por fim, com um terceiro e imenso esforço, Hopeck conseguiu deslocar a bala. Jessica recuperou-se totalmente de sua experiência. "Estou muito grata pelo modo como ela salvou minha vida", disse a garota. "Não sei o que posso dizer para mostrar minha gratidão."

* *Método de salvamento de asfixia ou sufocamento. (N. do T.)*

ECONOMISTA DEDICA-SE À CIDADE-NATAL NA ÍNDIA

Durante vinte anos, D. D. Choudhary conheceu a vida boa na América, obtendo avançados títulos na área petrolífera e econômica. Amigos acharam que ele enlouquecera quando usou seus conhecimentos não para enriquecer rapidamente, mas para melhorar sua pequena cidade natal, Porthia, uma aldeia rural de 12 mil habitantes no meio da Índia, sem estradas, escolas, correio, banco ou hospitais. Tudo o que Porthia tinha em abundância era ignorância e miséria. Choudhary construiu uma pequena escola para seis alunos. Posteriormente, construiu outros prédios. Graças a seus esforços, hoje há duas escolas (uma para meninos e uma para meninas), um posto de correio, um banco e um hospital. O melhor de tudo é que Choudhary eliminou o analfabetismo em Porthia, fazendo cada um de seus alunos ensinar dois adultos a ler.

DOAÇÃO DE RIM SALVA VIDA DE COLEGA

Cindy Warner, gerente de negócios da Catholic Charities em Nova York, leu um *e-mail* no verão de 2004 que perguntava se algum empregado doaria um rim a um colega que estava morrendo. Mary Jane DiPaolo estava sofrendo de uma rara doença renal havia anos. Sua única esperança era a doação de um rim, mas a lista de espera para o transplante era tão extensa, que ela tinha pouca chance de conseguir um a tempo de se salvar. Então, Cindy tomou uma atitude, e quando os testes confirmaram que os órgãos eram compatíveis, os médicos realizaram o transplante, que foi um sucesso. "Eu tenho dois [rins] e ela precisava de um", esclareceu Cindy ao *New York Post*. Quando o médico de Mary disse que a doação de Cindy tinha sido "um raro e lindo ato de bondade", Mary perguntou: "Como agradecer a alguém por um rim? Cheguei à conclusão de que não há como agradecer. A recompensa dela estará em um lugar bem melhor do que este em que vivemos".

TRANSEUNTE SALVA GAROTO EM RIO

No Memorial Day de 2002, Rob Sharrow vagava por Belle Isle Park, Michigan, quando viu um garoto se debatendo no rio. O garoto caíra de um píer quando pescava, e seu pai, que tampouco sabia nadar, gritava como louco. Sem perder tempo, Sharrow tirou seus sapatos, camisa e pulou na água fria, apanhando o garoto. Mas a forte correnteza levou ambos rio abaixo. Sharrow tentava boiar com o menino, mas estava perdendo as forças. Foi quando ele viu uma barra de metal pendendo de outro píer. Segurando o menino com um braço, ele alcançou a barra de metal com o outro braço, mantendo-se firme até que transeuntes puxaram ambos da água.

CÃO RESGATA DONO TETRAPLÉGICO DE INCÊNDIO

Paralisado do pescoço para baixo, Keith Chandler, de Churchfields, Inglaterra, estava preso à cama, em seu quarto, enquanto a cozinha pegava fogo e o incêndio se espalhava pela casa. Isso aconteceu em 2003. Seus quatro filhos pequenos fugiram pela porta da frente, deixando-o sozinho – ou pelo menos ele pensou assim. Quando o quarto estava todo esfumaçado, Chandler, de 29 anos, gritou por socorro, conseguiu rolar da cama e rastejou na direção da porta, mas seu progresso era muito lento e a casa estava virando um inferno. Foi então que ele percebeu que estava sendo puxado por Sandy, seu *staffordshire terrier,* de 3 anos. O cão estava a salvo do lado de fora, mas voltou correndo em meio às chamas quando ouviu os desesperados gritos de Chandler. Sandy o puxou pela porta do pátio até o jardim. "Mais um minuto e eu teria morrido", declarou Chandler, cheio de gratidão, ao canal de TV BBC.

UM HERÓI HISTÓRICO
Lech Walesa

Um eletricista de um estaleiro polonês, nascido em 1943, causou um dos maiores curto-circuitos nas regras comunistas da Europa dos anos 1970/1980. Lech Walesa era apenas um entre muitos trabalhadores descontentes de um estaleiro da cidade de Gdansk, na Polônia, nos anos 1970. Em 1980, ele liderou uma greve que deu origem ao Solidariedade, o primeiro sindicato independente no bloco soviético, com Walesa como seu líder. Logo o Solidariedade tinha o apoio de 10 milhões de pessoas, representando a maioria da força de trabalho da Polônia. O governo polonês foi duro e declarou ilegal o Solidariedade, prendendo Walesa. O Solidariedade tornou-se clandestino, recusando-se a morrer. Em 1989, após inúmeras e extensas greves que forçaram o governo a legalizar o sindicato, Walesa (que já recebera o Prêmio Nobel da Paz em 1983) foi escolhido, em uma eleição livre e direta, o presidente do país que antes o perseguira.

Para mais informações, acesse:
www.nobelprize.org/peace/laureates/1983/walesa-bio.html

FILHA DE FAROLEIRO
RESGATA NÁUFRAGOS

Em uma manhã de 1838, Grace Darling, filha do faroleiro do Farol Longstone, em Northumberland Coast, Inglaterra, olhou para o tempestuoso mar e viu um navio encalhado a quase uma milha dali. Sobreviventes agarravam-se aos destroços, e o pai de Grace achava muito perigoso tentar resgatá-los. Mas Grace, de 23 anos, não podia ficar ali, apenas olhando. Ela tanto pediu, que seu pai concordou em tentar o resgate. Ambos saíram em seu barco a remo, em meio à tempestade. Posteriormente, a Royal Humane Society escreveu sobre Grace e seu pai: "O oceano, levado pela tempestade à mais tumultuosa comoção, apresentou uma barreira, para todos talvez intransponível pela força humana, mas não para estas duas intrépidas pessoas". Quando Grace e seu pai chegaram ao local do naufrágio, nove sobreviventes estavam se segurando aos destroços. Grace e seu pai os ajudaram a subir no pequeno barco e remaram de volta, através das traiçoeiras ondas, até o farol. Quando a história correu o país, Grace tornou-se uma heroína nacional.

"Qualquer homem pode trabalhar quando, ao bater palmas, caem no chão os frutos da árvore; mas trabalhar na estação e fora de estação, sob todo o desencorajamento, pelo poder da verdade... isto requer um heroísmo transcendente."

Henry Ward Beacher, pregador e escritor norte-americano

ZELADORA É BALEADA, MAS SALVA IDOSA

No ano de 2002, Nancy Browning, zeladora de uma igreja em Pensacola, Flórida, ouviu um tiro e correu para o estacionamento. Lá, viu uma senhora idosa com a mão ensanguentada e uma mulher segurando um revólver. Nancy foi em socorro da idosa ferida, Joyce K. Anderson, de 60 anos, e parou entre ela e a agressora. "Não atire!", gritou Nancy, mas a mulher apertou o gatilho. Uma bala penetrou o abdome de Nancy, que caiu. Nesse momento, um homem derrubou a criminosa, segurando-a até a chegada da polícia. Ambas as mulheres feridas sobreviveram, mas o ato heroico de Nancy a deixou parcialmente paralítica.

CABO ATIRA-SE SOBRE GRANADA E SALVA DOIS

O cabo Jason Dunham liderava uma patrulha na cidade de Karbala, no Iraque, em perseguição a rebeldes que tinham emboscado um comboio norte-americano, em 2004. Quando Dunham abordou um carro batido, um iraquiano vestido de preto desceu e partiu para cima dele, agarrando o fuzileiro de 22 anos pela garganta. Dois companheiros correram para ajudar, mas Dunham gritou: "Não, não! Olhem para a mão dele!". Nos confusos momentos que se seguiram, o cabo Dunham se libertou do iraquiano, atirando-se de cabeça no chão. Ninguém viu exatamente o que aconteceu, mas fuzileiros que examinaram o local concluíram que o iraquiano tinha ativado uma granada, e Dunham caíra sobre ela, cobrindo-a com seu colete Kevlar (fibra sintética de alta resistência, usada na composição de coletes à prova de balas, por exemplo), na esperança de que absorveria o impacto. Seu ato salvou os dois fuzileiros que estavam perto dele, mas Dunham ficou gravemente ferido e morreu seis dias depois. Ele se tornou o primeiro soldado da Guerra do Iraque a ser recomendado para a Medalha de Honra.

CÃO ENFRENTA JACARÉ E SALVA SUA DONA

Em uma noite de 2001, Ruth Gay, de 85 anos, de LaBelle, Flórida, saiu para caminhar em um canal com Blue, seu pastor australiano de 2 anos, quando tropeçou e caiu, deslocando a bacia. Ela não conseguia se mexer e não havia ninguém por ali para ouvir seus gritos de socorro – exceto um faminto jacaré. De repente, Blue começou a latir e fugiu. Segundos depois, Ruth ouviu chiados, batidas, ganidos e furiosos latidos. Ela imaginou que Blue estava tentando assustar o monstro. A batalha continuou por vários minutos, até que Blue finalmente afastou o réptil. Mas logo ele voltou. Novamente, o valente cachorro partiu para a batalha, mas desta vez ele foi mordido várias vezes. Quando tudo ficou em silêncio, Ruth pensou que Blue tinha morrido. Mas ela estava enganada. Apesar das dezenas de feridas de mordidas, Blue ainda teve forças para buscar ajuda e levar parentes de Ruth até ela. Após a recuperação de Ruth e de Blue, o valente cão foi escolhido pela *Kibbles 'n Bits* como o Cão-Herói do Ano, o primeiro a lutar contra um jacaré durante os 47 anos de história do prêmio.

Para mais informações sobre o prêmio, acesse:
www.delmontedoghero.com/about.asp

MAQUINISTAS SALVAM CIDADE DE TREM-BOMBA

Os maquinistas James Nightall e Ben Gimbert estavam transportando uma carga perigosa – quarenta vagões de carga recheados de bombas de 125 e 250 quilos – através da cidade de Soham, Inglaterra, em 1944. Quando o trem se aproximou da cidade, Gimbert viu chamas se erguendo de um dos vagões da frente. Ele desligou o motor e, com Nightall, separou todos os vagões atrás do vagão em chamas. Depois, a toda velocidade, os dois condutores transportaram os explosivos em chamas para campo aberto. Tragicamente, eles não conseguiram. O vagão em chamas explodiu, atingindo centenas de lares. Nightall foi morto e Gimbert ficou gravemente ferido, mas o corajoso ato de ambos salvou a cidade. Se eles não tivessem tentado aquela fuga desesperada, o trem inteiro teria explodido, tirando do mapa a cidade de Soham.

*"Coragem é fazer o que você tem medo de fazer.
Não há coragem sem medo."*

Eddie Rickenbacker, ás da aviação da
Primeira Guerra Mundial

DONA DE CASA SALVA MENINA ATACADA POR PUMA

Quando Myra Baloun, dona de casa de 43 anos, acampava perto de Hope, na Colúmbia Britânica, Canadá, em 1999, ela ouviu gritos vindos da mata. Tayla Westgard, de 7 anos, e duas outras meninas estavam brincando em um acampamento próximo, quando um puma atacou Tayla. As outras duas meninas fugiram. Myra correu na direção de Tayla, gritando com o puma, que tinha parte do tronco da menina em sua boca. Apanhando um grosso galho, Myra bateu várias vezes no animal, até ele soltá-la. Em seguida, sumiu com ela dali. Perseguido pelas autoridades, o puma foi encontrado em uma árvore, a cerca de 60 metros de distância, e morto. Tayla foi hospitalizada com um grave ferimento em um dos olhos e vários arranhões, mas se recuperou.

Para mais informações, acesse:
www.carnegiehero.org

CARTEIRO MERGULHA EM LAGO E RESGATA CASAL

Em 2003, um pequeno caminhão ficou sem freios em meio a um pesado tráfego, perdeu a direção, caiu em um lago em Germantown, Tennessee, e começou a afundar. Preso dentro do veículo estava Robert Byington, paciente de diálise, e sua mulher, Betty. O carteiro Rodger Parker viu o acidente e, largando seu carro no trânsito, desceu até o lago e mergulhou. Robert baixava o vidro quando Parker chegou. O carteiro tirou facilmente Betty, mas Robert estava preso. Mesmo com dois outros homens ajudando no resgate, não conseguiram retirá-lo do pequeno caminhão. Parker, um velho marinheiro, não queria ver aquele homem sucumbir. O veículo afundava, carregando também Parker, até que ele alcançou a janela, tentando libertar Robert. Quando o caminhão bateu no fundo do lago, ele conseguiu livrar o motorista, salvando sua vida. "Os maiores anjos na Terra são os heróis", discursou Betty em uma cerimônia em Washington, na qual Parker foi nomeado pela Associação Nacional dos Carteiros o Herói do Ano de 2003. Ela completou: "E o senhor Parker é um herói".

Para mais informações, acesse:
www.nalc.org/commun/heroes

VACAS PROTEGEM FAZENDEIRO CONTRA TOURO

Em 1996, o fazendeiro Donald Mottram, de Medirim, País de Gales, percorria sua propriedade de motocicleta, quando um furioso touro deu-lhe um tranco, atirando-o para longe. Mottram caiu de costas, e o animal, de 165 quilos, partiu para cima dele. "Vou morrer", pensou o fazendeiro antes de desmaiar. Mas ele não contava com uma velha amiga: Daisy, sua vaca predileta. Quando ele voltou a si, estava cercado por uma imensa manada de vacas, liderada por Daisy, que o cercaram e mantiveram o touro à distância. A cada estocada do touro, as vacas se juntavam e o bloqueavam. Daisy manteve as vacas em formação, protegendo Mottram, até ele conseguir rastejar e sair dali em segurança. O fazendeiro ficou muito machucado, mas, graças a Daisy, ele sobreviveu ao terrível ataque.

INDUSTRIAL RECONSTRÓI FÁBRICA APÓS INCÊNDIO

Em 1995, Aaron Feuerstein comemorava seu 70º aniversário em um restaurante de Boston, sem saber que, a poucos quilômetros dali, sua vida estava virando fumaça. Uma caldeira tinha explodido em sua fábrica de tecidos. O negócio, que seu pai fundara nove décadas antes, estava agora reduzido a cinzas. Muitos dos 3.200 trabalhadores de sua fábrica esperavam que Feuerstein a fechasse, deixando-os desempregados, mas este homem de negócios à moda antiga surpreendeu a todos. Em vez de contar as perdas, Feuerstein reconstruiu as instalações e pagou salários e benefícios – a um custo de US$ 1,5 milhão por semana – a seus empregados, enquanto eles esperavam a nova fábrica retomar a produção. Em um mês, a maioria dos trabalhadores estava de volta ao trabalho. As atitudes de Feuerstein tornaram-no um herói, ainda que parecesse loucura, em virtude da feroz competição do atual mundo dos negócios. Mas Feuerstein não ligou. "Em um lugar onde há depravação e nenhum sentimento de responsabilidade moral", declarou ele à revista *People,* "faça o diabo para ser um homem".

PASSAGEIRO DE METRÔ DOMINA ESFAQUEADOR

Em julho de 2003, Anthony Gallo ouviu gritos no metrô quando esperava por seu trem em uma estação do Brooklyn. Um homem acabara de cortar o rosto da passageira Erica Paul, de 46 anos, e voltara para o vagão, após a abertura das portas. Gallo, de 39 anos, instalador de alarmes em Astoria, não queria deixá-lo escapar. Ele seguiu o esfaqueador, Dave Smith, de 23 anos, e o derrubou. Gallo tentava segurá-lo no chão, porém Smith impunha uma dura briga, cortando o punho de seu perseguidor. Mas o musculoso Gallo segurou-o firme, até a polícia chegar e prender Smith, um vadio que era procurado por outro ataque semelhante. "O cara era maluco", declarou Gallo ao *New York Post*. "Ele estava carregando uma mochila cheia de facas de açougueiro." Após o ataque, Gallo recebeu a seguinte menção da polícia de Nova York: "O senhor Gallo é um verdadeiro herói", concluiu o comissário Ray Kelly. "Eu apenas fiz o que tinha de fazer", disse o instalador de alarmes. "Quem sabe o que poderia ter acontecido se esse sujeito fugisse? Ele poderia ter matado alguém."

---

*"Eu apenas faço o que acredito que devo fazer,
apesar de arriscar a minha vida."*

Corazón Aquino, ex-presidente das Filipinas

VIZINHO RESGATA BEBÊ DE CASA EM CHAMAS

No ano de 2003, em McHenry, Illinois, Sean Christopher Hough entrou em ação após saber que um bebê de 1 ano estava preso entre as chamas no piso superior da casa de um vizinho. A fim de evitar as labaredas do piso térreo, Hough, professor de 30 anos, montou uma cerca em uma plataforma e apanhou uma escada para chegar à janela do andar de cima, onde o menino estava dormindo em seu berço. Com sua camiseta em seu rosto para filtrar a fumaça, Hough seguiu pelas paredes, encontrou o berço e apanhou a criança. Hough deixou o bebê com as pessoas embaixo e depois desceu sozinho. O bebê e seu salvador recuperaram-se da inalação da fumaça.

GAROTO DE 5 ANOS PERSEGUE LADRÃO EM CASA

Um garoto de 5 anos combateu o crime ao perseguir um gatuno na casa de sua família. Isso ocorreu na cidade de Bristol, Inglaterra, no ano de 2004. "O que você está fazendo?", perguntou o pequeno Nicholas White quando deparou com um estranho de cabelo espetado que apanhava uma carteira da mesa de jantar. "Isso não é seu, deixe aí", mandou o garoto. Então, Nicholas perseguiu o ladrão na sala de jantar, cozinha e do lado de fora, no jardim. "Eu disse para ele deixar a carteira lá, e ele saiu correndo", declarou Nicholas. "Meus pais acham que sou muito corajoso, mas eu não tive medo nenhum." O ladrão sumiu com a carteira, mas a coragem de Nicholas evitou que o meliante roubasse uma bolsa com mais de US$ 200 em dinheiro.

PASTOR ALEMÃO VIRA HERÓI DUAS VEZES

Kaiser, um pastor alemão que vivia nos fundos da doçaria de Angelo Fiocchi, em Manhattan, foi duas vezes herói em 1926. Em uma noite de verão, ele farejou problemas na loja de Fiocchi. Foi até a porta da frente e viu dois homens com porretes, prontos para arrebentar a cabeça de seu dono. Rosnando e mostrando os dentes, Kaiser partiu para cima dos agressores, que correram pela rua. Alguns meses depois, Kaiser e um amigo de Fiocchi, John Coda, estavam brincando ao longo do Rio Hudson. Coda atirou um galho na água para Kaiser buscá-lo. Caiu no rio em seguida e afundou rapidamente, pois não sabia nadar. Kaiser nadou até onde viu bolhas de ar, e quando Coda subiu de novo à superfície, o cão mordeu-lhe a gola da camisa e segurou firme, mantendo-o boiando, até o resgate chegar e puxar ambos com um croque.

RAPAZ RESGATA MULHER DE CARRO AFUNDADO

Em 2002, o utilitário esportivo de Shameeza Ishahak saíra da estrada e tombara em um canal perto de Cooper City, na Flórida. O veículo afundava rapidamente em cinco metros de água, e Ishahak não sabia nadar. De repente, ela ouviu baterem na janela dianteira do passageiro. Era Daniel Lennon, um colegial de 18 anos. Ele dirigia pela estrada e vira o acidente com Ishahak. Sem hesitar, ele tirara a roupa e nadara até o veículo, que afundava de bico. Com seu punho, Lennon bateu na janela até quebrá-la, retirando então Ishahak do carro. Lutando para respirar, ele a trouxe até a superfície e a levou até o banco de terra mais próximo, em segurança.

HERÓIS HISTÓRICOS
Os Nove de Little Rock

Eles eram apenas um bando de garotos de colégio, prontos para seu primeiro dia de aula. Mas, ao entrarem pela porta da frente da Central High School em Little Rock, Arkansas, abriram as portas da educação igualitária para os estudantes negros de toda a América. O processo *Brown x Conselho de Educação* tinha proscrito a lei de segregação racial nas escolas, e o exército garantira, em 1957, o cumprimento dessa lei na cidade, mas as intimidações e ameaças tinham afastado os alunos negros. Então, esses nove adolescentes pisaram na soleira de uma das escolas mais abertamente racistas do país. Em seu primeiro dia de aula, o grupo foi recebido por uma pequena multidão furiosa. "Olhei para o rosto de uma senhora, e me pareceu um rosto gentil, mas quando olhei novamente, ela me deu um tapa na cara", lembra uma das alunas, Elizabeth Eckford, que tinha 15 anos na época. A despeito de ameaças de morte e constantes molestamentos, esses nove jovens mantiveram-se firmes. Vários se formaram na própria Central, e todos tiveram uma vida de sucesso.

Para mais informações, acesse:
www.centralhigh57.org

GUARDA-FLORESTAL ESCAPA DAS GARRAS DE URSO

Em 1994, após debelarem um foco de incêndio nos bosques de Alberta, Canadá, os guardas-florestais Konrad Nygaard, de 20 anos, e Ian Matheson, de 30 anos, acamparam por ali a fim de descansarem à noite. Mas logo estavam torcendo para sobreviver. Um enorme urso negro atacou Matheson, acertando-o nas costas com suas grandes garras. Nygaard apanhou um machado e lançou sobre o animal, mas errou. O urso agarrou Matheson e o mordeu com força. Nygaard lançou novamente o machado, acertando desta vez as costas do urso, que soltou sua presa e saiu cambaleando, deixando ambos os guardas livres para pedir socorro. Um helicóptero içou os homens para o acampamento-base. De lá, Matheson foi levado para o hospital, onde se recuperou dos profundos ferimentos. Nygaard recebeu uma menção da Carnegie Hero por enfrentar o urso negro.

Para mais informações, acesse:
www.carnegiehero.org

MOTORISTA IMOBILIZA
JOVEM SUICIDA EM PONTE

No ano de 1994, Rajon Barin Begin, de 27 anos, dirigia sobre uma ponte em Fremont, Califórnia, quando viu um rapaz em pé no parapeito, segurando-se na cerca de corrente, pronto para saltar os 14 metros abaixo, até os trilhos da ferrovia. Begin parou seu carro, aproximou-se do jovem de 20 anos e tentou convencer o potencial suicida a descer, mas o rapaz não lhe deu ouvidos. Então, Begin subiu no parapeito de apenas 10 centímetros de largura, caminhando passo a passo, vagarosamente, os 14 metros que o separavam do jovem. Imobilizou o rapaz, agarrando-se às correntes e usando seu próprio corpo para prendê-lo à cerca. O sujeito se debateu na tentativa de se livrar de Begin, mas este se manteve firme, prendendo o rapaz à cerca até a polícia e os bombeiros chegarem. Eles convenceram o saltador a deixá-los puxarem-no em segurança. Só mais tarde Begin se deu conta de que segurara as correntes com tanta força, que machucara as mãos.

GATO VIRA HERÓI DE GUERRA

Durante a Batalha de Stalingrado, em 1942, um gato abandonado chamado Mourka fez mais do que elevar o moral das tropas russas. Ele atuou como um "velocista", trazendo mensagens vitais do *front* ao comandante do QG, sobretudo quando o avanço dos soldados era muito difícil. Mourka cumpriu sua missão corajosamente durante vários meses, antes de morrer em ação.

BOMBEIRO APOSENTADO ENFRENTA CARRO EM CHAMAS

Este caso ocorreu no mês de julho de 2002, em Sumter, na Carolina do Sul. Clay Jones, de 42 anos, ficou preso e inconsciente em seu carro, quando bateu em um poste e capotou. Houve um vazamento de gasolina, que causou um incêndio na traseira do veículo. Richard Spencer Jr., de 45 anos, bombeiro aposentado, tentou primeiro apagar as chamas com um extintor. Vendo que não funcionava, Spencer não teve escolha, a não ser entrar no carro, enfrentando as labaredas. Ele abriu a porta do motorista, rastejou para dentro e libertou Jones, resgatando-o. O fato de que Spencer sofria do coração não foi empecilho para seu ousado e árduo resgate, que salvou uma vida.

SORVETEIRA ATIVISTA TAMBÉM SALVA VIDA

Maria Campanella, a "Senhora Sorvete" de Bensonhurst, Brooklyn, entrega muito mais do que guloseimas em seu caminhão. Ela também leva esperança e caridade. A ambulante filantropa de meia-idade leva brinquedos para crianças carentes nos maltratados conjuntos habitacionais Marlboro, repassa fitas amarelas a fim de apoiar as Mães contra a Bebida no Trânsito e ajuda a organizar reuniões para a Cruz Vermelha norte-americana. Seu caminhão carrega às vezes vasos de plantas para um jardim público que ela criou na Belt Parkway, como parte do programa Adote uma Rodovia. Ela até salvou uma vida, uma vez. Um senhor teve um colapso na calçada, diante dela, e ela realizou a reanimação respiratória boca a boca. "Você não acreditaria em tudo o que faço com esse caminhão de sorvete", declarou ao *New York Post,* que a agraciou com a Liberty Medal [Medalha da Liberdade] em 2004.

Para mais informações, acesse:
www.nypost.com/libertymedals

"É verdade que heróis são inspiradores, mas eles não deveriam também realizar algo libertador, caso sejam mesmo dignos de seus nomes? A Mulher Maravilha teria importância se ela somente enviasse compassivos telegramas às pessoas aflitas?"

Jeanette Winterson (1959-), escritora inglesa.

GAROTOS RESGATAM IDOSO DE LAMAÇAL

Três colegas de escola da cidade de Hamworthy, Inglaterra, estavam passeando de barco quando notaram um idoso afundando no lodo. Este senhor era um ferramenteiro aposentado de 80 anos, que se distanciara de casa, se perdera e ficara preso nas poças de lama, onde começara a afundar. Ele ficara preso cerca de seis horas, até que os garotos – Sam Shiner, Matthew Pepper e Noel Creche, todos com 13 anos – viram-no acenando freneticamente. "Nós ficamos assustados, porque também estávamos afundando", declarou Noel à *BBC News*. Tentaram puxá-lo oito vezes, mas não conseguiram. Então, Sam sugeriu tirar as calças daquele senhor, para que ele deslizasse para fora. E assim aconteceu. Os garotos demoraram uma hora e meia, mas disseram que fariam tudo de novo.

MENINA SALVA MÃE EM QUEDA DE AVIÃO

Primeiro foi um grande estrondo. Em seguida, uma ofuscante luz preencheu a cabine do Boeing 747 da Japan Airlines quando este bateu em uma montanha e pegou fogo em agosto de 1985. Dos 524 passageiros e tripulantes, escaparam apenas quatro. Esse número poderia ser ainda menor, não fosse a coragem de uma garotinha – Mikko Yoshiaki, de 8 anos. A mãe da menina, Hiroko, de 35 anos, estava ferida e entrando em estado de inconsciência. Em vez de sair dali, Mikko permaneceu ao lado da mãe, gritando: "Não durma, mamãe! Fique acordada, senão você vai morrer". A menina continuou falando com a mãe, mantendo-a acordada durante angustiantes 16 horas, até a equipe de resgate alcançar os destroços e levá-las, com os outros dois sobreviventes.

POODLE ENFRENTA CASCAVEL
PARA SALVAR GAROTO

Leo, um *poodle* branco *standard* de 3 anos, mostrou coragem de leão ao enfrentar uma enorme cascavel, em 1984. Sean Callahan, de 11 anos, e sua irmã Erin, de 9 anos, brincavam em um riacho na fazenda dos pais em Hunt, no Texas, quando o garoto tropeçou em uma cascavel de quase 2 metros, que dormia nas raízes de um cipreste. Quando a cobra atacou, Leo foi para cima dela, permitindo que Sean escapasse. Mas o bravo animal levou seis picadas do venenoso réptil antes que Lana, mãe dos meninos, matasse a cobra com um rifle. Leo foi levado rapidamente ao veterinário. O focinho do cão estava tão inchado, que o veterinário nem conseguia ver-lhe o olho esquerdo e até duvidava que ele sobrevivesse. Leo ficou entre a vida e a morte durante três dias, mas logo se recuperou. O veterinário acredita que Leo só sobreviveu porque teve uma extraordinária vontade de viver.

FÃ PROTEGE ESPECTADORA CONTRA RODA SOLTA

Erik Raymond, de 18 anos, cozinheiro, estava nas arquibancadas assistindo a uma corrida de *stock-car* em Pinellas Park, Flórida, em 1980. De repente, dois carros se chocaram na pista. Uma roda soltou-se de um deles, bateu no muro de proteção e voou na direção de Donna Sue Altiere, de 32 anos, que assistia à corrida ao lado de Erik. Os espectadores, assustados, saíram correndo, mas Erik protegeu Altiere com o próprio corpo. A roda acertou Erik, que caiu inconsciente. A espectadora não se feriu, e Erik se recuperou mais tarde no hospital.

MULHER SEGURA GAROTO À BEIRA DO PENHASCO

Em um belo dia de 2000, Jean Burgmeier, de 39 anos, diretora de uma escola primária em Dubuque, Iowa, passeava com sua bicicleta ao longo de uma escarpa que dá vista para o Rio Mississippi. De repente, um assustado garoto cruzou com ela, gritando que seu amigo Jeffery Kraft, de 7 anos, corria muito perigo. Os dois meninos estavam brincando na escarpa, quando Jeffery tropeçara e rolara pela íngreme ladeira, mas conseguira evitar a queda ao rastejar pela terra, segurando-se nas rochas. E ali estava o garoto, à beira do penhasco, com o corpo de lado, a poucos centímetros da queda fatal. Jean correu até lá e, cuidadosamente, desceu pelas rochas e alcançou Jeffery, estendendo-lhe a mão. Ela o segurou por vários minutos, até a chegada da equipe de resgate. Formando uma corrente humana, bombeiros chegaram até os dois, subiram Jeffery até o topo da colina e ajudaram Jean a subir de volta. O garoto recebeu tratamento no hospital em virtude dos cortes e arranhões.

Para mais informações, acesse:
www.carnegiehero.org

"Poucos homens estão dispostos a enfrentar a reprovação de seus companheiros, a censura de seus colegas, o ódio de sua sociedade. A coragem moral é um bem mais raro do que a bravura em batalha, do que uma grande inteligência. Ainda assim, ela é essencial, uma qualidade vital para aqueles que procuram mudar um mundo que, a duras penas, resiste à mudança."

Robert F. Kennedy (1925-1968), ministro da Justiça, senador e estadista, assassinado durante uma campanha eleitoral para a presidência dos EUA

OPERADOR DE DRAGA SALVA MENINO DE AFOGAMENTO

Em agosto de 2003, fortes chuvas deixaram frias e turbulentas as águas do Rio Baker, perto de Warren, New Hampshire. Christopher Oikle, de 21 anos, operador de draga, sabia das condições perigosas para nadar, mas isso não impediu que ele salvasse uma vida. Sem perceber o perigo, Jared Champigny, de 13 anos, pulou de um penedo, mas começou a ser levado para o fundo do rio pelo remoinho formado pela correnteza. Alertado pelos gritos da família de Jared, Oikle mergulhou no perigoso rio, nadou até o garoto que se debatia e o segurou pelo peito. Amarrou-o a uma corda que havia sido atirada do alto do penedo, e Jared foi puxado de volta à margem do rio. Em seguida a corda foi atirada para Oikle, que também voltou em segurança.

BIOQUÍMICO REVELA SEGREDOS DA INDÚSTRIA DO FUMO

O bioquímico Jeffrey Wigand tinha sido contratado pela companhia de tabaco Brown & Williamson para desenvolver um cigarro que não causasse dependência. Entretanto, ele logo descobriu que a indústria de tabaco queria, na verdade, fisgar jovens fumantes. Em 1993, cinco anos após deixar a companhia, Wigand contou ao mundo o que as companhias de tabaco não queriam que ninguém ouvisse. A informação que ele deu a investigadores do governo, advogados e repórteres resultou em um acordo bilionário, segundo o qual a indústria foi condenada a pagar as despesas médicas relacionadas com o tabaco. Pelo fato de repassar informações, Wigand sofreu perseguições e ameaças de morte. Seu casamento se desfez e ele deixou o ramo, mas renasceu das cinzas, tornando-se professor e criando uma organização sem fins lucrativos – Smoke-Free Kids [Crianças Livres do Fumo] – para alertar as crianças e adolescentes sobre os perigos da primeira tragada.

Para mais informações, acesse: www.jeffreywigand.com

CÃO LEVA ÁGUA A FAZENDEIRO FERIDO

Em maio de 1953, Herbert Jones podava as nogueiras de sua fazenda em Umatilla, Flórida, quando caiu da escada, quebrando a coluna. Jones vivia sozinho, mas por sorte ele tinha um fiel companheiro a seu lado – Cocoa [Chocolate], seu cãozinho marrom. Incapaz de se mover, Jones estava morrendo de sede. "Água, Cocoa", repetia ao cão. Por fim, Cocoa entendeu a mensagem e correu para dentro da casa, onde havia um balde cheio de água. O cão ia e voltava com a língua molhada, para que seu dono a lambesse. Isso durou cinco dias, até que um amigo de Jones o encontrou naquele estado e o levou ao hospital. "Cocoa salvou minha vida", disse Jones.

CLIENTE DE RESTAURANTE DETÉM ASSALTANTE

Em uma madrugada de 2002, um ladrão armado de uma faca entrou em um restaurante de Vancouver, Washington, e dominou o gerente Anthony Jensen, de 21 anos. "Faça o que mando, ou mato você", ameaçou o bandido, que tinha a faca na garganta do aterrorizado jovem. Entretanto, um dos três últimos clientes da casa, o caminhoneiro Jonathan Bolender, de 50 anos, tomou uma atitude. Saltou sobre o ladrão, e ambos começaram a brigar. Bolender levou dez facadas e sofreu feridas nas costas e coxas, mas ainda assim conseguiu tomar a faca e imobilizar o bandido até a chegada da polícia. Graças à rápida ação e determinação desse cliente, o gerente escapou com ferimentos leves. Bolender, cujos ferimentos foram graves, recuperou-se após uma longa internação no hospital.

PORTEIRO DE PRÉDIO VIRA HERÓI DURANTE BLECAUTE

No dia 14 de agosto de 2003, quando usinas elétricas norte-americanas entraram em pane generalizada, boa parte do país mergulhou na escuridão. Elizabeth Bethune, de 83 anos, ficou presa no saguão do conjunto habitacional para idosos Jeffersonian, em Detroit. Ela era muito frágil para subir os 17 andares até seu apartamento. Após várias horas, David Evans, de 28 anos, porteiro do prédio, percebeu que a energia poderia ser restabelecida somente à noite, o que era muito tempo para Elizabeth, que permanecia sentada no saguão. David colocou a idosa cuidadosamente sobre seus ombros e a carregou pelos 17 andares. No mesmo dia, ele também conseguiu ajuda médica emergencial e levou alguns dos equipamentos até o 22º andar, para uma moradora doente. Em virtude de seus feitos heroicos, David Evans recebeu uma menção da Red Cross Everyday Hero [Cruz Vermelha – Heróis do Dia-a-Dia].

Para mais informações sobre outros homenageados:
www.redcross.org/services/hss/newspro/heroarchive.html

ENFERMEIRAS SALVAM BEBÊ DURANTE BLECAUTE

Com pouco mais de 1,5 quilo, o bebê prematuro de onze semanas da UTI infantil do Centro Hospitalar Bellevue, em Nova York, usava um aparelho respiratório elétrico. Quando ocorreu o grande blecaute de 2003, as enfermeiras da UTI não se preocuparam, pois o hospital tinha seu próprio gerador de força. Mas este falhou. "De repente, todos os aparelhos desligaram, e ficou tudo escuro", lembrou Thelma Faderan, enfermeira de plantão naquela noite. Ela e mais duas enfermeiras trabalharam em equipe para manter vivo o bebê prematuro. Anat Gross usou sua mão para bombear o aparelho, a fim de que o bebê respirasse, enquanto Zenaida Banzon segurava uma lanterna e Faderan monitorava os sinais vitais, até o gerador voltar a funcionar, meia hora depois. Posteriormente, as três enfermeiras estavam entre as 29 pessoas homenageadas pela cidade. O prefeito Michael Bloomberg declarou que elas "ajudaram a salvar um dos mais jovens nova-iorquinos".

UM HERÓI HISTÓRICO
Abraham Lincoln

Nascido em uma cabana de madeira no dia 12 de fevereiro de 1809, Abraham Lincoln seria um dia considerado, por muitos historiadores norte-americanos, o maior presidente da história dos Estados Unidos. Advogado e congressista, não conseguiu se reeleger e foi perdendo o interesse pela política. Mas em 1854, quando foi aprovado o Ato Kansas-Nebraska, que favorecia a escravidão, Lincoln, um abolicionista, decidiu voltar à arena política. "Assim como eu não seria um escravo, tampouco seria um senhor. Isso expressa a minha ideia de democracia", escreveu em 1859. Um ano depois, "Honest Abe" – apelido de Lincoln – era o líder de uma nação em guerra. Uma das drásticas medidas adotadas para salvar o país – medidas consideradas ditatoriais por alguns – foi a Proclamação da Emancipação, que abolia a escravidão. Cinco dias após o fim da Guerra Civil norte-americana, em 14 de abril de 1865, o ator John Wilkes Booth atirou em Lincoln durante uma apresentação de *Our American Cousin* [Nosso Primo Americano] no Ford Theater, em Washington.

POLICIAL FAZ RAPEL E SALVA OPERÁRIO EM ANDAIME

Soou como uma explosão quando um cabo de andaime estourou, deixando os operários Roberto Hernandez e Jose Lopez balançando do lado de fora do 12º andar de um edifício em Nova York, no ano de 1999. Hernandez foi facilmente resgatado com uma escada de incêndio, mas Lopez estava desorientado, pendurado por uma corda. O policial Romano Amleto sabia que não tinha tempo a perder. Em um ousado movimento, ele desceu de rapel pela parede do edifício e prendeu o equipamento de segurança do trabalhador ao dele próprio. Foi um tremendo risco, porque ninguém sabia se a corda suportaria o peso de dois homens. Amleto desceu cuidadosamente ambos até a rua abaixo, onde cerca de duzentas pessoas os receberam com entusiasmados aplausos.

Sugestão de leitura: What Cops Know *[O Que os Policiais Sabem], de Connie Fletcher (Pocket Books, 1992).*

MOTORISTA RESGATADO DE SEU CAMINHÃO

Um caminhão dirigido por James Dawson, de 39 anos, tinha batido na mureta de uma ponte em Seattle, em 1978, deixando o motorista preso na cabine, que pendia lateralmente a uma altura de 15 metros sobre o Lago Washington. Por sorte, a cabine estava ainda presa por um dos eixos, mas como balançava muito, não demoraria a cair. Para piorar a situação, o motor pegara fogo, mas outros motoristas apagaram o incêndio com extintores. Apesar da ameaça de queda da cabine no lago, o transeunte Erin Dan Carew, de 23 anos, estava determinado a salvar Dawson e andou ao longo do lado virado da cabine. Ao chegar lá, o veículo balançava na beira da ponte. Ajoelhado, Carew forçou a porta do motorista, ajudando Dawson a sair. Ambos subiram de volta, cuidadosamente, e saíram dessa sãos e salvos. Por sua coragem, Carew recebeu uma homenagem da Carnegie Hero.

Para mais informações, acesse:
www.carnegiehero.org

"Pessoas precavidas, cuidadosas, que sempre procuram preservar sua reputação e posição social, nunca promovem reformas. Já aqueles cuja luta é séria devem estar dispostos a ter pouca ou nenhuma estima do mundo. Devem, em qualquer época, pública ou privadamente, assumir sua simpatia por ideias desprezadas, perseguidas e seus defensores, suportando as consequências."

Susan B. Anthony (1820-1906), ativista e líder sufragista norte-americana

GATO ALERTA DONOS SOBRE ERUPÇÃO DE VULCÃO

O gato Toto vivia com um casal de idosos, Gianni e Irma, em uma casa à beira do Monte Vesúvio. Em uma noite de 1944, o gato começou a se esfregar em seus donos, que dormiam, e até arranhou o rosto de Gianni. O idoso correu pela casa, atrás de Toto, mas Irma percebeu que a estranha atitude do gato era um sinal para fugirem. Pouco após o casal pegar a estrada, o vulcão entrou em erupção. A lava, que enterrou a casa, teria matado a todos, caso Toto não desse o alarme.

ASTRO DE *SOS MALIBU* FAZ RESGATE NA VIDA REAL

Quando o musculoso David Hasselhoff, da série de televisão *SOS Malibu* testemunhou um acidente automobilístico em Los Angeles, em 1995, ele provou ser mais do que um belo rosto com o corpo malhado. Ele correu até o local do acidente e ajudou salvar uma mulher, que estava inconsciente no carro, movendo-lhe a cabeça para que ela pudesse respirar livremente. A vítima já estava estabilizada quando a ambulância chegou, reportou a revista *People*. Os médicos do serviço de emergência ficaram impressionados, mas não reconheceram o famoso salva-vidas de Hollywood. "Você é paramédico?", perguntaram. "Não", respondeu o ator, "mas faço o papel de um na TV".

ROTTWEILER USA TACO PARA AFASTAR LADRÕES

O caminhoneiro Herb Blish comprovou a importância de ter um parceiro para defendê-lo quando foi abordado por três marginais em uma estrada perto de Walcott, Iowa, em 1995. Blish estava descendo do caminhão quando dois jovens se aproximaram dele, pedindo dinheiro. Ele recusou, sem saber que havia um terceiro rapaz com um taco de beisebol, escondido atrás da cabine. Para sorte de Blish, o bandido não conseguiu se esconder de sua companheira de viagem, Mariah, uma *rottweiler* de quase 50 quilos, que estava descansando na cabine. Quando ela viu Blish em apuros, pulou pela janela. Apesar da contratura muscular que sofreu ao pular 2 metros até o chão, ela atacou e obrigou o marginal a largar o taco. Em seguida, Mariah apanhou o taco com a boca e correu na direção dos outros dois ladrões. Ao verem aquele enorme cão com um taco de beisebol entre os dentes, os marginais fugiram correndo.

MOTORISTA ENFRENTA VAZAMENTO DE COMBUSTÍVEL

Chris A. Cole teve de chapinhar sobre gasolina para salvar um caminhoneiro quando a carreta deste, que transportava mais de 30 mil litros de combustível, tombou perto de Bradford, Pensilvânia, em 2002. O motorista Michael G. Bradley, de 36 anos, não conseguiu fazer uma curva, tombando o veículo de lado. Bradley conseguiu colocar metade do corpo para fora da janela do motorista, mas estava muito ferido para sair. Cole, que passava com seu carro no momento do acidente, viu o combustível vazando do tanque e sabia que Bradley estava em uma situação desesperadora. O motor ainda estava ligado, e tudo aquilo poderia virar um inferno a qualquer momento. Cole então andou até a cabine pisando em gasolina e tirou Bradley daquela situação, puxando-o para fora. Quando ele chegou até o motorista, estava encharcado de líquido inflamável. Felizmente, o motor parou, o que evitou uma grande explosão. Ambos os homens foram hospitalizados e logo liberados.

Para mais informações, acesse:
www.carnegiehero.org

TRIPULAÇÃO DE REBOCADOR SALVA 155 DE NAVIO EM CHAMAS

Em 1904, uma excursão no barco a vapor General Slocum tornou-se um pesadelo para os quase 1.200 passageiros que zarpavam para Long Island, pois o barco pegou fogo, transformando-se numa fogueira flutuante. Muitos marinheiros próximos ao local imaginaram que seria perigoso e inútil ajudá-los. Mas não foi o que pensou John Wade, a bordo de seu rebocador com o mesmo nome (uma homenagem a seu pai). A toda velocidade, ele alcançou o barco em chamas. O calor do fogo empelotou a tinta e partiu as janelas de seu rebocador, mas Wade não recuou. "Você vai perder seu barco, seu ganha-pão", alertou seu piloto. Wade replicou: "Dane-se o barco!". Então, com seu rebocador ao lado do vapor em chamas, passou a recolher as crianças que as desesperadas mulheres jogavam para Wade e sua tripulação. Outros passageiros pularam no convés. Enquanto isso, membros da tripulação de Wade lançaram-se ao mar, resgatando dezenas de passageiros do vapor que tinham pulado na água e estavam se afogando. Morreram 1.021 pessoas no desastre do General Slocum, mas graças ao capitão Wade e sua tripulação, 155 preciosas vidas foram salvas.

Leia mais sobre o desastre do General Slocum em Ship Ablaze: The Tragedy of the Steamship General Slocum *[Barco em Chamas: a Tragédia do Vapor General Slocum], de Edward T. O'Donnell (Broadway, 2003).*

"Ir contra o pensamento dominante de seus amigos, da maioria das pessoas com quem você convive, talvez seja o mais difícil ato de heroísmo que você pode realizar."

Theodore H. White (1915-1986),
escritor e jornalista político norte-americano.

SOLDADO DOS ESTADOS UNIDOS ELIMINA TROPAS ALEMÃS

Em 1918, durante a Primeira Guerra Mundial, balas de metralhadora zuniam, vindas de uma linha de trincheiras alemãs em uma terra de ninguém. Dezenas de soldados de infantaria, companheiros do soldado Michael Valente, estavam mortos ou feridos. Foi o bastante para este imigrante italiano de 23 anos, que se estabelecera em Nova York pouco antes da guerra. Michael, enraivecido, correu direto para as trincheiras alemãs, disparando para todo lado, até acabarem as balas de seu rifle. E continuou atacando, pulando de trincheira em trincheira, atirando granadas. Um ferimento em seu braço o deixou mais zangado ainda. Perto de Michael estava outro soldado, Joseph Mastine, *barman* e cigarreiro do interior do estado de Nova York, que metralhava os alemães. Quando Michael começou a se acalmar, tinha eliminado quatro ninhos de metralhadora, capturado vinte prisioneiros e colocado para correr o resto das tropas alemãs. O acesso de Michael salvou sua companhia e lhe valeu a Medalha de Honra. Seu colega Mastine recebeu uma Cruz de Distinção, além de ter seu nome numa marca de cigarro.

DEFICIENTE CONSEGUE BANIR VIZINHO ENCRENQUEIRO

Richard Lloyd era um vizinho infernal no vilarejo de Dwygyfylchi, País de Gales. O desempregado encrenqueiro de 43 anos já tinha feito uma família vizinha se mudar, após constantes ameaças e intimidações. Em 2003, quando Noel Kennerley e sua família chegaram ao vilarejo, Lloyd logo começou a perturbá-los. Os insultos eram incessantes, e os Kennerley não eram os únicos. Lloyd tinha ameaçado quase todos no vilarejo. Em vez de fazer as malas e se mudar, Kennerley, que ficara paraplégico após um acidente de carro, foi brigar nos tribunais. Ele fez uma campanha contra o comportamento antissocial de seu briguento vizinho e ganhou. O tribunal baniu Lloyd do vilarejo, proibindo-o de voltar pelo resto da vida. Pela coragem de enfrentar o valentão, Kennerley recebeu uma recompensa de mil libras, que ele doou para uma instituição de caridade. "Eu fui inflexível e não ia aceitar aquilo", disse Kennerley. "Isso enfurecia Lloyd cada vez mais, o que o tornava cada vez mais agressivo e determinado, o que por fim o levou a se encrencar de vez."

GATO FERIDO CUMPRE DEVER EM NAVIO MILITAR

Simon, um gato preto-e-branco, era o bichinho de estimação do comandante I. R. Griffiths, capitão da fragata britânica Amethyst, em Hong Kong. Quando o Exército Vermelho chinês tomou o continente, em 1949, a Amethyst foi enviada a Nanquim e sofreu um ataque no caminho. O comandante Griffiths foi morto, e Simon sofreu ferimentos e queimaduras. Apesar dos ferimentos, o gato ainda cumpria seu dever, caçando e matando ratos. A coragem do bichano foi manchete na Inglaterra, e ele foi saudado como herói. Infelizmente, três semanas após a Amethyst alcançar porto seguro, Simon morreu. Ele foi homenageado postumamente com uma medalha por sua bravura.

CLIENTE SALVA MENINA E VOLTA À MESA DE JANTAR

Larry Abeyta, de 51 anos, estava jantando com sua namorada no Old Tony's, um restaurante à beira-mar em Redondo Beach, Califórnia, em 2003. De repente, uma menina de 3 anos caiu de uma enorme janela no mar. "Ajudem!", gritou a mãe da garotinha. Larry pulou da mesma janela, mergulhando no mar, 6 metros abaixo. Ele logo encontrou a menina, que boiava com o rosto para baixo, e apanhou-a. Por sorte, ela voltou a respirar. Abraçando-a, Larry nadou com ela até o píer do restaurante e a entregou aos pais. Policiais declararam que ela teria morrido se ele não tivesse agido prontamente. Após o dramático resgate, Larry voltou para sua mesa, todo encharcado, e começou a devorar seu antepasto de camarão, seguido de linguado. Sua namorada sugeriu que saíssem, mas ele nem quis saber. "Viemos aqui para jantar, então vamos jantar."

VIZINHO PROTEGE MULHER DE AGRESSÃO

Dennis Schroeder estava em seu apartamento em Midland, Michigan, em 2003, quando ouviu, no andar de cima, uma mulher gritando por socorro. Ele subiu correndo as escadas até o apartamento de onde vinham os gritos, mas a porta estava trancada. Schroeder abriu-a com um chute e viu um homem em cima da mulher, batendo nela com um martelo. Apanhando o objeto mais pesado que havia à mão, um ventilador de chão, ele ficou entre a mulher e o agressor. Segurando o ventilador como proteção, Schroeder persuadiu o sujeito a largar o martelo. A polícia de Midland afirmou que, graças à rápida ação e coragem de Schroeder, a mulher escapou com apenas algumas escoriações na cabeça e nos braços. As autoridades acreditam que, sem ele, a mulher poderia ter sido gravemente ferida ou morta.

"O mérito pertence ao homem que está de fato na arena, cuja face é desfigurada por pó, suor e sangue; ao homem que luta valentemente, que se engana e continuamente fica abaixo das expectativas; ao homem que conhece grandes entusiasmos, grandes devoções e dá tudo de si a uma causa digna; ao homem que no melhor dos casos conhece a realização e que, no pior dos casos, se falhar, ao menos falha com tanta ousadia que seu lugar nunca será ao lado daquelas almas frias e tímidas, que não conhecem nem vitória nem derrota."

Theodore Roosevelt (1858-1919),
presidente norte-americano

JOVEM SALVA MINEIRO EM CHAMAS

Em 1899, quando a mina Clear Creek, no estado de Utah, pegou fogo, um mineiro ficou sozinho, pois estava trabalhando muito fundo e não ouvira as explosões nem os frenéticos gritos de alarme de seus companheiros, que tinham fugido para a superfície. Vários homens tentaram chegar até ele, mas eram rechaçados pelas chamas. Desligar o sistema de ventilação da mina poderia conter o fogo, pois desse modo logo acabaria o oxigênio, mas isso significaria a morte do solitário mineiro. O capataz pediu voluntários para outra tentativa de resgate, mas nenhum dos experientes mineiros se dispôs. Foi quando Heber Franklin, jovem secretário que nunca pisara no perigoso mundo subterrâneo, gritou: "Eu vou!". Franklin e o capataz então desceram fundo, enfrentaram as chamas e encontraram o mineiro trabalhando no túnel. Os três correram em fuga através das chamas, antes que desligassem a ventilação. As autoridades ficaram impressionadas com a coragem do jovem secretário. "Ele foi o único homem dentre aqueles todos cujos nervos não o abandonaram", deu no *New York Times*.

ADOLESCENTE SALVA CRIANÇAS EM CERCO TERRORISTA

O estudante Soslan Gusiev, de 16 anos, tinha perdido as esperanças de sobreviver ao cerco terrorista em sua escola em Beslan, Ossétia, durante o segundo dia do ano letivo. Ele escreveu seu nome em sua perna, de modo que sua família pudesse identificar seu corpo. Mas quando os 32 terroristas começaram a detonar as bombas, Gusiev entrou em ação. Ele empurrou seu irmão David, de 12 anos, pela janela. Depois, em vez de pular para salvar a si mesmo, voltou para ajudar oito crianças a escaparem. "Após salvar meu irmão, realmente não me preocupei com minha vida", relatou posteriormente aos repórteres. "Eu estava tão aliviado por meu irmão estar vivo, que não pensei em mim. Daí, apenas ajudei outras crianças." Autoridades russas invadiram a escola, matando 30 terroristas. Saudado como herói em Beslan, Gusiev ainda sofre pesadelos com o ataque, que matou 335 dos 1.200 reféns, incluindo professores, alunos e pais.

CÃO ADOTADO SALVA FAMÍLIA DE ENCHENTE

A família Gfoerer, de Cathedral City, Califórnia, resgatou um faminto pastor alemão de um malvado dono que queria matá-lo. Deram-lhe o sugestivo nome de Last Chance [Última Chance]. Dois anos mais tarde, em 1977, o cão retribuiu o favor, salvando a família de uma enchente fatal. No meio da noite, Last Chance latiu alto e arrombou a porta do quarto onde o casal Clem e Pat Gfoerer estava dormindo. Quando Clem se levantou, estava com água e lama até os joelhos. Chuvas torrenciais tinham aumentado muito o volume do rio, que transbordara perto da casa deles. Pat correu para acordar seu filho Billy, de 17 anos, e todos foram para a parte de trás da casa. Mas, um minuto depois, uma enorme onda os levou. A família tentava se segurar nos caibros enquanto as ondas batiam na casa, e acabou sendo jogada através de uma janela quebrada. A maré arrastou-os por quase 30 metros, até alcançarem um terreno mais alto. Todos, incluindo Last Chance, sobreviveram. Um porta-voz da Cruz Vermelha declarou que se os Gfoerer estivessem dormindo quando as ondas bateram na casa, todos teriam morrido.

MÉDICO ALEMÃO SE DEDICA AOS POBRES NA ÍNDIA

Durante uma viagem a Nova Délhi, Índia, em 1981, o médico alemão Johannes Asmus viu algo que o perturbou profundamente: agoniadas pessoas sem-teto, tomadas pela sarna. Ele comprou alguns remédios e começou a cuidar desses necessitados. Autoridades indianas o prenderam, alegando pedofilia ou tráfico de drogas, mas não puderam sustentar nenhuma acusação e o enviaram de volta à Alemanha. Entretanto, ele não pôde esquecer o que havia visto. Em 1985, o médico voltou à Índia e recrutou voluntários entre nativos e turistas, arrecadando fundos para comprar medicamentos, a fim de tratar dos mendigos e das vítimas de lepra. Em uma idade em que podia estar desfrutando uma confortável aposentadoria, Asmus trabalha incansavelmente para os doentes e os esquecidos nas vizinhanças de Connaught, onde, graças a seus enormes esforços, a maioria das crianças de rua e dos sem-teto está livre de doenças. Ao ser questionado por que faz isso, ele diz: "Sou um homem simples que adora a Índia e quer ajudar os pobres".

MOTORISTAS SALVAM CAMINHONEIRO EM PÂNTANO

Este episódio aconteceu em 1988. Robert Fordham viu-se em apuros quando seu caminhão derrapou durante uma tempestade, caindo de uma ponte de 12 metros no Pântano Atchafalaya, no estado de Louisiana. O pesado caminhoneiro, de 134 quilos, sofreu vários ferimentos nas costas, no quadril e na cabeça, e mal conseguia colocar o rosto acima da água. No entanto, dois motoristas que estavam na ponte tinham visto o acidente e decidiram ajudar. William Kessler, de Houston, e Fred Lalumandier, de Bryan, no Texas, mergulharam. Juntos, ajudaram Fordham a sair da cabine e conseguiram levá-lo a um banco de terra, onde esperaram uma hora até chegar ajuda. Kessler disse que, quando pulou, receava bater em algum toco submerso e não ter força suficiente para ajudar o pesado caminhoneiro. Só mais tarde é que percebeu o outro risco que havia corrido: o Pântano Atchafalaya é infestado de jacarés.

Para mais informações, acesse:
www.carnegiehero.org

"Se tomarmos a definição geralmente aceita de bravura como uma qualidade que desconhece o medo, então eu nunca vi um homem corajoso.
Todos os homens sentem temor. Quanto mais inteligentes, mais temor sentem."

George Smith Patton (1885-1945),
general norte-americano

"AGORA!"

"Todos prontos? Agora!" Com estas palavras, um jovem pai, executivo da área de software, tornou-se um herói naquele fatídico 11 de setembro de 2001. Todd Beamer, de 32 anos, estava no voo 93 da United Airlines quando sequestradores da Al-Qaeda tentaram assumir o comando do avião e transformá-lo em uma máquina mortífera. Seus companheiros terroristas já haviam conseguido atacar o World Trade Center e o Pentágono. Beamer, usando seu celular, conectou-se com um operador de localização via satélite e lhe disse que três sequestradores, um deles aparentemente usando um cinturão de bombas, tomaram de assalto o avião. Ao final da conversação, Beamer comunicou que ele e os outros passageiros tinham decidido tentar dominar os terroristas. O operador pôde ouvir os já famosos gritos de Beamer durante a briga que se seguiu. Gravações da cabine revelaram uma feroz luta quando os passageiros partiram para cima dos terroristas, frustrando seus diabólicos planos. Em vez de bater em um edifício e matar milhares, o avião caiu em um afastado campo na região oeste do estado da Pensilvânia.

RESGATE MILAGROSO NO WORLD TRADE CENTER

O capitão Jay Jonas, do Batalhão de Bombeiros da Cidade de Nova York, e sua equipe de sete membros estavam correndo escada abaixo na torre norte do World Trade Center, que ameaçava ceder após os ataques terroristas de 2001. No 20º andar, depararam com Josephine Harris, que descia com dificuldade pelas escadas. Ela certamente não conseguiria descer sozinha; então, por ordem do capitão, os bombeiros começaram a carregá-la. Jonas percebeu que tinha acabado de assinar a sentença de morte de todos – eles agora se moviam muito lentamente para sair do edifício antes que este desabasse. No 4º andar, o prédio começou a desmoronar. "Meu Deus", disse Jonas, "não vamos conseguir!". Mas ele estava enganado. Atrás e na frente deles, a escada tinha sido destruída. Por algum milagre, o local em que pararam continuava intacto. Se eles tivessem ido um pouco mais rápido, provavelmente teriam sido soterrados pelos destroços. Ao parar para socorrer uma mulher, Jonas e seus homens saíram vivos daquele inferno.

CÃO-GUIA DESCE SETENTA ANDARES PARA SALVAR DONO

O técnico em computação Omar Eduardo Rivera, que é cego, estava no 71º andar da torre norte do World Trade Center quando terroristas atingiram o edifício com um avião, vinte andares acima dele. Com fumaça, vidros estilhaçados e colegas em pânico à sua volta, Rivera pegou a coleira de seu cão-guia, Salty, e começou a tatear até a saída de emergência. O calor e a fumaça ficaram insuportáveis, e Rivera duvidou que sairia dali. Mas ele queria dar uma chance a seu companheiro, um labrador amarelo. Soltou a coleira e ordenou a Salty: "Vai!", porém o cão foi arrastado pela multidão que tentava fugir do condenado arranha-céu. Sozinho, Rivera continuou descendo, dessa vez bem mais devagar. De repente, sentiu algo cutucar seu joelho. Era Salty, que se recusara a abandonar seu dono. O cão o guiou por setenta andares, deixando o edifício pouco antes deste desmoronar. "Foi então que eu soube com certeza que ele me amava tanto quanto eu o amava", disse Rivera. "Ele estava preparado para morrer, na esperança de que poderia salvar minha vida."

MENSAGEIRO ENFRENTA NEVASCA E TIROS

James Dunigan, que começara a trabalhar para a Western Union como moço de recados nos anos 1850, arriscou sua vida durante a Guerra Civil norte-americana ao levar despachos governamentais e ordens de guerra para postos do Exército ao redor de Nova York. No inverno de 1862, ele recebeu sua mais arriscada missão: entregar uma mensagem a um comandante da União em Governor's Island. Em virtude do congelamento da baía e de uma forte nevasca, nenhum barco estava fazendo a travessia. Então, Dunigan e outro garoto da Western Union começaram a pular sobre os blocos de gelo, de um para outro, através da tempestuosa baía. O caminho era exaustivo, e quando os rapazes estavam chegando, soldados da União os confundiram com espiões e começaram a atirar, mas Dunigan continuou em frente. Quando seu colega levou uma bala na mão, o intrépido mensageiro o carregou até os soldados, que perceberam o engano e os puxaram das calotas de gelo. Dunigan sobreviveu à guerra e permaneceu na Western Union até sua morte, em 1902.

BANHISTAS SALVAM
VÍTIMAS DE CORRENTE

Gritos vindos do mar fizeram a estilista de moda Kristin Bledsoe, de 23 anos, entrar em ação em Rockaway Beach, Nova York, em setembro de 2004. Apanhando a bóia de uma mulher, ela entrou no mar bravio. Dois homens tinham sido apanhados na famosa e perigosa corrente daquela praia. Kristin, que tinha trabalhado sete anos como salva-vidas, nadou cerca de 100 metros, seguida de perto por outro bom samaritano, Brian Sullivan, bombeiro que estava de folga. Um dos homens já afundara, mas Kristin o encontrou por acaso, quando o chutou sem querer. O bombeiro e a estilista puxaram-no para a superfície e nadaram com os dois homens até a equipe de emergência entrar em cena.

UM HERÓI HISTÓRICO
George Washington

Ele poderia ter sido perfeitamente feliz como fazendeiro em sua propriedade em Mount Vernon, Virgínia, mas a História tinha outros planos para George Washington, nascido em 22 de fevereiro de 1732. Quando jovem, servindo no Exército britânico na guerras contra a França e a Índia, escapou da morte quando seu cavalo foi atingido e tombou sobre seu corpo – duas vezes. Posteriormente, quando as leis britânicas sobre suas colônias norte-americanas se tornaram cada vez mais rígidas e onerosas, Washington virou-se contra sua mãe-pátria. Em maio de 1775, foi nomeado comandante-em-chefe do Exército Continental, transformando um bando de rebeldes pés-rapados em uma formidável força armada. Em 1781, os britânicos se renderam, permitindo a Washington dedicar-se a sua fazenda. Mas o país precisava ainda mais dele. "A liberdade, quando começa a criar raízes, é uma planta de rápido crescimento", disse o líder. Em oito anos, ele plantou as sementes que fariam florescer os Estados Unidos da América, sendo eleito por unanimidade o primeiro presidente, em 1789 e reeleito em 1793. Washington aposentou-se da presidência em 1797, retirando-se para sua querida Mount Vernon, onde morreu pouco tempo depois, em 1799. Com a notícia de sua morte, até sua ex-inimiga Inglaterra lhe prestou homenagem: no Canal da Mancha, houve uma salva de vinte tiros da Marinha Britânica.

CASAL PROTEGE FOTÓGRAFO DE LINCHAMENTO

As ruas de Los Angeles tornaram-se violentas em 1992, quando um júri inocentou quatro policiais envolvidos no espancamento do motorista negro Rodney King, como visto nas imagens mundialmente difundidas. O fotógrafo Raul Aguilar teve a má sorte de parar sua caminhonete no mesmo cruzamento em que um caminhoneiro fora espancado quase até a morte, poucas horas antes, na periferia de Los Angeles. De repente, uma pedra arrebentou a janela da van de Aguilar, e um revoltado indivíduo entrou no veículo. O fotógrafo pulou do veículo e tentou fugir, mas um bando enfurecido o alcançou, derrubando-o e espancando-o. Foi quando Barbara Henry, que tinha visto tudo de sua casa ali perto, decidiu agir. Ela e seu marido, James, correram até o ferido Aguilar, conseguiram afastar a pequena e enfurecida multidão e levaram-no para a casa deles, onde ficou a salvo até a chegada da polícia, que o conduziu ao hospital. Quando os revoltados se deslocaram, Barbara e James permaneceram na rua, alertando os motoristas sobre o perigo à frente. "Eu senti um enorme senso de responsabilidade", disse Barbara na época. "Sentimos como se fosse a nossa rua. Nossa gente. Que nós éramos responsáveis." Após dois dias em coma, Aguilar recuperou-se. Ele e os Henry, que o acompanharam durante o tratamento, tornaram-se bons amigos.

NADADOR RESGATA CRIANÇA E ADULTO EM MAR REVOLTO

Brian V. Frederick, de 27 anos, artista gráfico, não acreditou no que viu quando estava em um penhasco em Half Moon Bay, na Califórnia, em 2003. Nas águas frias do Oceano Pacífico, Martin Gonzalez, de 44 anos, e Josue Rodriguez, de 7 anos, estavam se debatendo no mar, após seu barco de pesca virar e afundar. Apenas o garoto usava um colete salva-vidas. Frederick desceu por uma trilha até a praia, tirou suas roupas – apesar da água gelada –, mergulhou no mar revolto e nadou até Josue, que estava sendo atingido pelas ondas a quase 30 metros da praia. Agarrando Josue, Frederick levou-o até a praia, retirou-lhe o colete e o vestiu ele mesmo. Voltou para a água e nadou por cerca de 130 metros até Gonzalez, que, sob as fortes arrebentações, tinha sido puxado para o fundo. Mas Frederick o encontrou, trouxe-o à superfície e o manteve boiando até a chegada do resgate. Josue e Gonzalez tiveram hipotermia e precisaram de tratamento hospitalar. Frederick, tratado pelos paramédicos, teve leve hipotermia, além de cortes e contusões nos membros.

POEMAS DE MENINO TETRAPLÉGICO SÃO LIDOS POR MILHÕES

Mattie Stepanek nasceu com uma rara forma de distrofia muscular, mas antes de sua morte, em 2004, com 13 anos, ele tocou e inspirou milhões de pessoas. Stepanek começou a escrever poemas aos 3 anos de idade, para aliviar a dor da morte de seu irmão, que tinha a mesma doença. Em 2001, uma pequena editora lançou uma coletânea de poemas escritos por Mattie, chamada *Heartsongs* [Canções do Coração]. O livro chegou rapidamente ao topo da lista de *best-sellers* do *New York Times.* Mattie vivia confinado a uma cadeira de rodas e precisava de aparelho respiratório, tubo de alimentação, transfusão de sangue e seguidas internações. Apesar disso tudo, ele continuava escrevendo, sempre animado e feliz. Quatro outros livros conquistaram ainda mais fãs por todo o mundo, incluindo a famosa apresentadora Oprah Winfrey, que encontrou inspiração em seus versos. "Mattie era especial, alguém muito especial", disse o ator Jerry Lewis, presidente da Associação de Distrofia Muscular. "Seu exemplo fez as pessoas desejarem encontrar o melhor em si mesmas."

Para mais informações, acesse:
www.myhero.com

VIZINHOS RESGATAM IDOSO DE CARRO EM CHAMAS

Em 2003, em Elk Grove, na Califórnia, a picape de Clifford Gandy, de 70 anos, atravessou um gramado e bateu em uma casa, danificando a tubulação de gás, que começou a vazar e entrou em combustão. Logo as chamas tomaram o veículo, que entrara na parede da casa. Os vizinhos Lawrence Gonzi, de 53 anos, e Olga Renee Rosander, de 48 anos, foram rápidos. Olga nem sequer teve tempo de pôr os sapatos: correu descalça através dos destroços. Gonzi enfrentou as chamas e alcançou a cabine, onde Gandy estava inconsciente. Gonzi teve de cortar o cinto de segurança antes de libertar Gandy e, com a ajuda de Olga, o levou para o outro lado da rua, enquanto o fogo destruía a picape e boa parte da casa.

MENINO PUXA AVÔ QUE AFUNDAVA EM LAMAÇAL

"Dê-me forças!", gritou Billy Birch, de 10 anos, após seu avô escorregar e cair em um canal em Witton, Inglaterra, em 2004. "Caí na água, que estava acima da minha cintura", disse o avô de Billy, também chamado assim, aos repórteres. "Eu estava afundando na lama e não conseguia sair, então chamei Billy." O garoto pesava apenas 30 quilos, mas conseguiu reunir forças para puxar seu avô, de 90 quilos, para fora da lama. "Estou muito orgulhoso dele", disse Dawn, mãe de Billy. "Ele parece ser um herói por natureza." Na verdade, esta foi a segunda experiência de Billy como salva-vidas. Em 2002, ele resgatara sua irmã, ainda bebê, após ela cair em uma piscina.

MÃE E BEBÊ SALVOS DE CARRO EM CHAMAS

Lindsay M. Ryder, de 22 anos, e seu filho, Evan Moody, de 3 anos, ficaram presos no carro quando este caiu em uma ribanceira e bateu em uma árvore perto de Canaan, no estado do Maine, em setembro de 2003. Mark Potter, de 42 anos, técnico em equipamento dental, e David Lee Custer, de 45 anos, carteiro, ouviram o acidente e correram até o local. Eles arrombaram a porta do motorista e tiraram Lindsay do veículo. Em seguida, foi a vez de Evan, que estava atrás, seguro no banco para bebês. Custer manteve a porta aberta enquanto Potter cortava os cintos que prendiam o banco, e assim libertaram o garoto. Todos subiram a ribanceira pouco antes de o carro pegar fogo.

CÃO FAREJA
GAROTO SOTERRADO

Em uma bela tarde de 1940, Tim, um pastor alemão de 8 anos, passeava tranquilamente por uma rua de Nova York com seu dono, John Nuccio. Entretanto, uma tragédia estava para acontecer na quadra à frente. O muro de um prédio caíra, soterrando Charles Bossman, de 11 anos. O garoto estava sob os tijolos e o entulho, e ninguém sabia que ele estava preso e quase sufocando. Tim, porém, farejou o problema. O cão correu até o local e começou a cavar furiosamente, até Nuccio e outros encontrarem o garoto e puxarem-no ainda com vida. Naquele mesmo ano, Tim recebeu uma recompensa por sua ação. Dizia a medalha: "Para Tim, um cão, por salvar a vida de um garoto".

PEÃO AFUGENTA TOURO INDOMÁVEL

Warren A. Deacon, um fazendeiro de 47 anos residente em Ascot, Quebec, no Canadá, conduzia um touro de 1,3 tonelada em um pasto, em 1994. De repente, sem alarde, o touro se virou e atacou Deacon, derrubando-o e pisando-o. Deacon gritou, pedindo ajuda a seu empregado Michael Naylor, de 23 anos, que estava consertando uma cerca ali perto. Naylor apanhou um martelo e correu até onde Deacon jazia sem ação. Bateu com o martelo na cabeça do touro, que ficou enfurecido e começou a persegui-lo. Naylor conseguiu se livrar da perseguição, mas o touro voltou-se de novo contra Deacon. Naylor voltou com o martelo, conseguindo desviar a atenção do animal, tempo suficiente para Deacon rastejar até um cevadouro de gado. Novamente, o touro deixou Naylor e foi atrás de Deacon, tentando arrombar o portão. Enquanto isso, Naylor pegou a picape de Deacon e dirigiu direto na direção do touro, que parou de atacar e saiu correndo. Naylor levou rapidamente seu chefe até o hospital, e, por sua bravura na luta contra o touro, recebeu uma homenagem da Carnegie Hero.

Para mais informações, acesse:
www.carnegiehero.org

JÓQUEI TORNA-SE HERÓI EM QUEDA DE PEQUENO AVIÃO

Algo saiu terrivelmente errado quando um avião bimotor, levando os jóqueis Frankie Dettori e Ray Cochrane, decolou de uma pista de pouso perto do hipódromo Newmarket, em Sussex, Inglaterra, em 2000. O pequeno avião começou a chacoalhar violentamente e depois mergulhou de bico no chão. Os jóqueis e o piloto Patrick Mackey ficaram presos às ferragens. Com a porta principal travada, Cochrane rastejou até a porta de bagagem, gritando para Dettori segui-lo. Uma vez lá fora, Cochrane ajudou Dettori, que tinha quebrado o tornozelo, levando-o a um lugar seguro, afastado do avião agora em chamas. "Quando comecei a enxergar melhor, pude ver Ray voltando ao avião", relembra Dettori. "Ele tirara sua jaqueta e lutava contra as chamas." Mas Cochrane não pôde salvar o piloto. Poucos meses depois, a Royal Humane Society presenteou o jóquei irlandês com uma medalha por sua bravura. "É muito legal, mas não sou mesmo um herói", disse Cochrane. "Eles estavam em apuros, precisavam de ajuda, e eu era o único ali que podia fazer algo."

"O homem comum é envolvido na ação, o herói age. Uma enorme diferença."

Henry Miller (1891-1980), escritor norte-americano

MOTORISTA VÊ INCÊNDIO E RESGATA DONA-DE-CASA

Quando sua cozinha entrou em chamas, em 2002, Brenda Gregory, de 30 anos, ficou desorientada e trancou-se no banheiro, enquanto a densa fumaça tomava sua casa em Welland, Ontário. De repente, ela ouviu a voz de um homem. "Para o chão!", gritou ele. Ela deitou no chão o mais rápido que pôde. Em segundos, o homem, Dennis J. Rogers, um mecânico de 37 anos, a pegou pelos pulsos e a carregou em segurança para fora, naquela noite fria. Rogers estava passando de carro e, ao perceber as chamas, entrou na casa para resgatar uma mulher que ele não conhecia.

ATORES RESGATAM GAROTO DE CARRO EM CHAMAS

Em 1996, quando Colin Specht ficou preso dentro de uma Cherokee em chamas em Brentwood, Califórnia, foi como uma cena de cinema, cheia de heróis de Hollywood. Specht, de 16 anos, estava ao lado de seu amigo Erik McMurrow, da mesma idade, que dirigia o veículo, quando este tombou e pegou fogo. McMurrow conseguiu pular pela janela, mas Specht ficou preso dentro do carro. O ator Mark Harmon – astro das séries de TV *St. Elsewhere* e, mais recentemente, *NCIS* –, e sua mulher, a atriz Pam Dawber, correram de sua casa, do outro lado da rua, e entraram em ação. Juntos, enfrentaram as chamas, arrebentaram a janela do passageiro com uma marreta, tiraram o adolescente do carro e rolaram-no na grama para apagar o fogo que tomava suas pernas. "Eu apenas agi instintivamente", disse Harmon.

CADELA ENCONTRA RECÉM-NASCIDO ABANDONADO

Tonya Williams, moradora do Brooklyn, Nova York, nunca tinha sido muito fã de Princess, uma enorme cadela, companheira de sua filha de 12 anos, Yashima. Isso mudou em outubro de 2004, quando Princess, mestiça de *pitbull* e *boxer,* fez uma descoberta incomum. Naquela manhã, quando Yashima abriu a porta do apartamento para passear com Princess, a cadela saiu correndo e subiu pelas escadas, chegando até o sexto andar. Ali estava um menino recém-nascido, ainda com cordão umbilical. Princess começou a lamber o rosto do bebê, aquecendo-o. Yashima ligou para a emergência. "Eu sempre quis me livrar dessa cadela", confessou Tonya. "Agora, fico com ela para sempre." O bebê sobreviveu e foi colocado sob custódia estadual.

WINDSURFISTA RESGATA VÍTIMAS DE ACIDENTE AÉREO

Em julho de 2003, um jantar de domingo tornou-se um dramático resgate para um *designer* gráfico de Long Island. Peter Johnson, de 38 anos, jantava com sua prima, Gale Leddy, quando eles viram um pequeno avião mergulhar na baía Great Peconic. Enquanto sua prima ligava para a polícia, Johnson pegou uma prancha de windsurfe e foi até o local da queda. Os quatro passageiros e o piloto estavam vivos, mas presos ao avião, que afundava. Johnson ajudou-os a se desvencilhar dos destroços e os levou de volta. Então, sem uma palavra, desapareceu. Os jornais chamaram-no de "herói misterioso". Quando ele reapareceu alguns dias depois, declarou que teve de sair correndo para encontrar sua mulher. Gale, entretanto, declarou que o primo era apenas um sujeito modesto e que não queria chamar a atenção. "Ele acha que fez o que qualquer um teria feito", disse ela. Todos os ocupantes do pequeno avião escaparam com pequenos ferimentos.

XERIFES RESGATAM IDOSA DE FOGO NA FLORESTA

Dois xerifes viram o inferno de perto quando um incêndio em uma floresta ameaçou a vida de uma senhora que vivia em um chalé num desfiladeiro perto de Upton, na Califórnia, em 2002. John Rose II, de 32 anos, e Paul Archambault, de 43 anos, dirigiam em volta das árvores queimadas e da terra arrasada. A fumaça era tão densa, que eles mal conseguiam ver a estrada que os levaria até o chalé de Sigrid Szymczak-Hopson, de 70 anos. Pior, o chalé estava no caminho das chamas. Em certo ponto, a estrada virou uma estreita trilha que beirava um precipício de 90 metros. Quando finalmente chegaram no chalé, John correu para a porta, enquanto Paul ficou ao volante com o carro ligado, pronto para uma fuga rápida. Dois dos pneus do carro estouraram durante a arriscada volta através do fogo, mas os três conseguiram sair daquele inferno sem ferimentos.

Sugestão de leitura: A Season of Fire: Four Months on the Fireline in the American West *[Uma Temporada de Fogo: Quatro Meses na Linha de Fogo no Oeste Americano], de Doug Gantenbein (J. P. Tarcher/Penguin, 2003).*

*"Sem heróis, somos todos pessoas comuns,
sem saber até onde podemos ir."*

Bernard Malamud (1914-1986), escritor norte-americano

COELHA ALERTA SUA DONA SOBRE GATUNO

Francesca, uma fofa coelha de 4 quilos, fez as vezes de um cão de guarda em um drama da vida real em Bloomingtom, Indiana, no ano de 1987. Quando sua dona, a universitária Kate Stanley, dormia profundamente, Francesca subiu num banco ao lado da cama, saltou sobre sua dona e ficou pulando e mordendo os cobertores. Kate acordou e ouviu ruídos do lado de fora da janela do seu quarto. A sonolenta garota entrou na cozinha para verificar, e estava a ponto de abrir a porta de trás, quando Francesca a mordeu no tornozelo. "Foi aí que eu dei por mim", disse ela. Em seguida, fez-se silêncio lá fora, e Kate voltou para a cama. Francesca ficou aconchegada a ela durante a noite toda. No dia seguinte, Kate relatou o incidente à polícia, que encontrou marcas na janela, sugerindo que alguém tinha tentado entrar. Também disseram a ela que um intruso armado com uma faca tinha atacado um vizinho, na mesma hora em que a coelha de Kate tinha dado o alarme.

SUPER-HOMEM INSPIRA
O MUNDO APÓS ACIDENTE

Christopher Reeve fez o papel de Super-Homem no cinema, mas após um terrível acidente equestre que sofreu em 1995, o astro mostrou ao mundo o coração de um verdadeiro herói. O belo e robusto ator, com 1,80 metro, escapou da morte, mas ficou tetraplégico. Reeve primeiro pensou em suicídio, mas decidiu lutar contra um vilão mais sinistro do que todos que enfrentou na tela. Reeve assombrou a medicina ao testar os limites de seu corpo, tanto que conseguiu realizar coisas até então impossíveis segundo os melhores médicos. Ele se tornou um incansável defensor de pesquisas na área de danos na medula espinhal, levantando milhões de dólares e conscientizando as pessoas sobre o problema. Sem desistir, Reeve estava decidido a voltar a andar, e seu otimismo inspirou outros pacientes. Por meio de *lobbies,* de sua fundação e de duas autobiografias, ele divulgou sua mensagem de esperança ao redor do mundo. Infelizmente, Reeve morreu em 2004, aos 52 anos. Mas as pesquisas iniciadas por sua campanha podem ajudar outras vítimas de paralisia a abandonar suas cadeiras de roda, sobretudo crianças, às quais ele mais se dedicou.

Para mais informações, acesse:
www.christopherreeve.org

CADELA PARALÍTICA PROTEGE FILHOTES EM INCÊNDIO

Em Nova York, no ano de 1905, Topsy, uma *bull terrier* velhinha e parcialmente paralítica, virou salva-vidas quando o hotelzinho para cães onde estava pegou fogo. Apesar de só poder rastejar, Topsy estava determinada a salvar seus dois filhotes. No momento em que ela conseguiu pegar o primeiro, a única saída estava bloqueada pelo fogo. Então ela rastejou, levando um filhote por vez, até uma sala a que o fogo ainda não chegara. Quando as chamas começaram a ameaçar seu refúgio, Topsy conseguiu subir em um sofá e tentou fazer um buraco para proteger os filhotinhos. Só então os bombeiros entraram na sala em chamas e cercaram o sofá, no qual Topsy cavava freneticamente um buraco para os três. Os bombeiros resgataram Topsy e seus filhotes, e os mimaram até a manhã seguinte, quando os cães foram entregues a seu dono.

VAN É CONTROLADA POR OUTRO CARRO NA ESTRADA

Jerod Shane Wilson, de 30 anos, não perdeu tempo ao ver que a motorista do utilitário esportivo à sua frente tinha desmaiado, fazendo o veículo perder o controle em uma estrada interestadual perto de Hayden, Alabama, em 1999. Quando o utilitário saiu de sua faixa e bateu repetidamente na mureta de concreto, Wilson colocou seu pequeno carro em frente ao veículo desgovernado e foi diminuindo de velocidade, deixando o utilitário, que pesava o dobro do seu carro, bater em sua traseira. Depois de o veículo bater várias vezes no carro de Wilson, ambos atravessaram a pista e se chocaram com a mureta de proteção. Nesse momento, outro motorista posicionou seu caminhão carregado na frente de ambos os veículos, até fazê-los parar. A motorista do utilitário, Kara Roberts, de 28 anos, escapou sem ferimentos. Wilson, cujo carro ficou bastante danificado, foi hospitalizado com lesões no pescoço, quadril e costelas, mas recuperou-se inteiramente. Por sua bravura, ele recebeu uma menção da Carnegie Hero.

Para mais informações, acesse:
www.carnegiehero.org

HEROÍNA HISTÓRICA
Ida Lewis

Primeira faroleira dos Estados Unidos, Ida Lewis passou a vida resgatando vítimas do mar. Ela começou ainda adolescente, ajudando o pai com suas tarefas no farol Lime Rock, em Newport, Rhode Island. Quando ele ficou doente, Ida, então com 15 anos, assumiu o comando com disposição. Ela fez seu primeiro resgate nesse mesmo ano: quatro rapazes cujo barco havia afundado. Sua fama se espalhou quando ela realizou um resgate após o outro, cada um mais perigoso que o anterior. "Em perigo, procurem pela garota de cabelos negros no barco a remo e sigam-na", diziam os marinheiros uns aos outros. Em 1881, ela recebeu uma medalha da guarda costeira por resgatar dois soldados que tinham afundado sob a calota de gelo perto de seu farol. Ao ouvir os gritos de socorro, Ida apanhara uma corda, correra até a frágil calota de gelo e, sozinha, puxara o primeiro soldado da água. O irmão dela a ajudara a resgatar o outro soldado. Ida trabalhou durante 55 anos, e credita-se a ela o salvamento de pelo menos 25 pessoas, a última em 1904, quando ela era uma ativa sexagenária.

"Estou certo de que heróis não ficam por aí pensando: 'Espero encontrar uma boa desculpa para escapar desta.'"

John Marsden, escritor australiano

MARINHEIRO MERGULHA EM BUSCA DE SOBREVIVENTES

No outono de 2000, o bombeiro aposentado Ronald May navegava com seu barco de passeio, Mystic, ao largo das Ilhas Catalina, quando percebeu, a cerca de uma milha dali, um barco afundando. Era o Charades, com pouco mais de 6 metros, indo a pique. May chegou a tempo de ver a popa afundar, carregando consigo quatro dos seis aterrorizados tripulantes. Após eles terem agarrado uma corda que May lhes atirara, ele imaginou que os outros dois passageiros – Donta Perry, de 8 anos, e sua avó, Mildred Griffin, de 60 anos – podiam estar presos na cabine submersa. May colocou seu *snorkel,* seus pés-de-pato e mergulhou até a cabine, onde encontrou Mildred e seu neto presos em uma das cabines. May tentou libertá-los três vezes, mas logo era forçado a subir à superfície. Ele voltou a seu barco e disparou um sinalizador, alertando a patrulha costeira. Infelizmente, Mildred e seu neto não sobreviveram. Apesar de May ter recebido a medalha da guarda costeira, seus pensamentos estavam com os dois que morreram. "Eu fiz o que pude", disse ele. "Mas ainda estou frustrado por não ter podido salvá-los."

ESTUDANTE DE MEDICINA RESGATA TRÊS EM INCÊNDIO

Em 2004, o estudante de medicina Thomas Bui voltava a pé para casa, após um extenuante turno de 24 horas no Queens Hospital Center, em Nova York, quando ouviu gritos vindos de um prédio vizinho ao seu, em Briarwood. "Fogo!", gritava uma mulher da sacada do apartamento em chamas. Bui entrou correndo e logo saiu com um bebê no colo. Então, entrou novamente, dessa vez trazendo consigo uma criança, antes de voltar pela terceira vez. Ele encontrou a mulher que gritava, Maribel Hernandez, justo quando o fogo tomava o local, forçando ambos a pular da sacada do segundo andar. "Eu não lembro de ter pensado em nada na hora", disse Bui. "Apenas reagi." As pessoas que conheciam o médico-residente não ficaram surpresas com seu heroísmo. "Ele é uma pessoa extraordinária", declarou seu supervisor no hospital.

CÃO MILITAR CONTROLA MULTIDÃO NA BÓSNIA

Em 2002, Sam, um pastor alemão da Unidade do Corpo Veterinário do Exército Real Britânico, recebeu a Dickin Medal, um prêmio dado a animais heróis militares. Enquanto patrulhava em Dvar, na Bósnia, em 1998, Sam perseguiu um homem armado que abrira fogo contra civis inocentes, que por sua vez tinham sido pegos de surpresa no fogo cruzado entre os sérvios e os croatas. O enorme pastor alemão pulou sobre o atirador e o derrubou, permitindo que seu responsável, o cabo Iain Carnegie, o desarmasse. Menos de uma semana depois, à medida que a multidão desamparada crescia nas ruas da cidade, Carnegie e Sam protegiam um abrigo onde se refugiava um grupo de sérvios. Uma furiosa multidão ameaçava os sérvios com garrafas, pedras e pés-de-cabra, mas Sam a manteve afastada. "Sam demonstrou uma coragem impressionante, e nenhuma vez fugiu do perigo", lembrou Carnegie. "Eu não conseguiria ter realizado minha missão se eu não tivesse Sam ao meu lado."

Para mais informações, acesse:
www.pdsa.org.uk

VOLUNTÁRIA EM ZOOLÓGICO EVITA ATAQUE MORTAL DE TIGRE

Em 2003, Hannah Lynn Goorsky, de 23 anos, iniciava seu trabalho voluntário no Zoológico de Sacramento, na Califórnia, e não tinha ideia de que suas funções incluiriam salvar a vida de um homem. Em seu terceiro dia de trabalho, Hannah viu o tratador Chad Summers, de 30 anos, fechando a jaula do tigre. De repente, a fera de 160 quilos pulou sobre Summers, derrubando-o. Hannah pegou uma pá e começou a bater na cabeça do tigre, permitindo que Summers escapasse do ataque.

RAPAZ LIVRA COLEGA DE ASSALTO

Liam Clatworthy, de 24 anos, e Ellen Pemberton, de 19 anos, estavam trabalhando em uma lanchonete em Bridgend, Inglaterra, quando um homem tentou mexer na caixa registradora. "Lamento, mas você não pode entrar aí", disse Clatworthy. O homem então agarrou Ellen por trás, puxou uma faca e ameaçou cortar sua garganta. "Passe a grana", disse o assaltante à jovem, "ou furo você". No ato, Clatworthy pulou sobre o assaltante e empurrou Ellen. Juntos, ele e a colega fugiram da lanchonete, enquanto Clatworthy tirava o celular do bolso e ligava para a polícia, que logo apanhou o gatuno armado. "Se Liam não tivesse me livrado dele, não sei o que teria acontecido", declarou Ellen. "Eu diria que ele é um herói."

"Heróis de verdade são homens que caem, falham e têm defeitos, mas que no fim acabam vencendo porque permanecem fiéis a seus ideais, crenças e compromissos."

Kevin Costner, ator e diretor norte-americano

HOMEM DE PIJAMA RESGATA IDOSO DE INCÊNDIO

Em uma noite de outubro de 2002, as paredes estouraram e o teto veio abaixo quando explodiu gás no segundo andar do apartamento de Isaac W. Bradburn, de 70 anos. Um professor que morava ali perto, Craig Allen Cross, de 32 anos, sentiu a explosão e ouviu os desesperados gritos de socorro de Bradburn. Descalço e de pijama, Cross correu até o prédio, entrou pelo espaço antes ocupado pelas paredes e rastejou entre os destroços ardentes até o segundo andar. Lá, ele encontrou Bradburn, queimado e atordoado. Carregando o idoso através do fogo, Cross o levou para fora, pouco antes de o prédio ser totalmente consumido pelas chamas.

Para mais informações, acesse:
www.carnegiehero.org

AVÓ VOLUNTÁRIA CONFORTA CRIANÇAS DOENTES

Rayshon Modeste, nascida em 2003, era uma criança com sérios problemas respiratórios. Nos primeiros seis meses de vida, ele teve de permanecer no Kings County Hospital, no Brooklyn, onde médicos cuidavam de seus problemas físicos. Mas Rayshon precisava de mais do que isso. Foi quando Khadijah Ali apareceu para resgatá-lo. Ela faz parte do Foster Grandparents Program, que promove a reunião de pessoas mais velhas com crianças necessitadas. Khadijah foi designada para confortar Rayshon com canções de ninar, abraços e toque humano, à medida que ele se sujeitava aos procedimentos e exames no frio e estéril ambiente hospitalar. Através dos anos, a idosa mulher tem sido avó voluntária de sessenta bebês na unidade neonatal do hospital. "Eu nunca tive um filho; então, estar com estes bebês, sentar com eles, acalentá-los, nutri-los e criar uma ligação com eles significa muito para mim", disse ela.

Para mais informações, acesse:
http://www.seniorcorps.gov/

CADELA LIGA PARA EMERGÊNCIA E ABRE PORTA PARA POLICIAIS

Faith, uma *rottweiler* de 4 anos, era um "anjo protetor" para Leana Beasley, de 45 anos, que sofre de fortes ataques de epilepsia. A *rottweiler* havia sido treinada para sentir alterações na química sanguínea de Leana e alertar sobre um iminente ataque. Mas algo saiu terrivelmente errado em 2004, quando Leana desmaiou e caiu de sua cadeira de rodas. Faith entrou rápido em ação: ela bateu no telefone, tirando-o do gancho, e, como a tinham ensinado, apertou a tecla em que fora memorizado o número da emergência. Quando a operadora atendeu, a cadela latiu com tanta insistência, que a operadora teve de agir. "Ela foi muito persistente em latir diretamente no fone. Eu sabia que ela estava tentando me dizer algo", contou a atendente Jenny Buchanan. Jenny rastreou a ligação e enviou ajuda. Quando a polícia chegou, a inteligente cadela destravou a porta da frente para o policial. Os médicos de Leana declararam que ela sofrera uma reação adversa de seus medicamentos e poderia ter morrido se não tivesse Faith *(Fé, em inglês)*.

PAI E BOA ALMA SALVAM BEBÊS DE CASA EM CHAMAS

Cinco membros da família Vargas correram quando o fogo começou a se espalhar pela casa em Lompoc, na Califórnia, em 2002. Só depois perceberam que lá dentro tinham ficado dois bebês: Jullian, de 1 ano, e Marissa, de 3 anos. José Flores, de 21 anos, marceneiro que estava visitando um amigo em uma casa vizinha, viu as chamas e correu até lá. Com o pai dos bebês, José entrou na esfumaçada casa, arrastou-se até a sala, apanhou Marissa e a levou para fora. Enquanto isso, o pai das crianças encontrou Jullian e o tirou em segurança da casa em chamas.

AMIGOS PESCADORES SOBREVIVEM A RIO TRAIÇOEIRO

Os adolescentes Ben Wyatt e Percy Vleitman estavam zarpando para uma pescaria em um rio perto de Walpole, Massachusetts, em 2004. De repente, uma batida quebrou o cabo da direção de seu pequeno barco. Então, a correnteza fez Vleitman, que vestia galochas, cair do barco e mergulhar nas revoltas águas do rio. De tanto fuçar o motor, Wyatt conseguiu fazê-lo funcionar e foi atrás de seu amigo, que tinha sido tragado pela correnteza do rio. Por fim, Wyatt chegou perto o suficiente para atirar uma corda e um colete salva-vidas para Vleitman, mas era muito arriscado trazê-lo a bordo. Então, Wyatt pulou na água, nadou até seu amigo que se debatia e o levou até uma rocha, onde ambos esperaram a chegada de ajuda. Afirmando que Wyatt salvara sua vida, Vleitman disse que ele tinha ficado exausto ao tentar se livrar de suas pesadas galochas e que já estava sem forças quando seu amigo o resgatou.

> *"Pode-se alcançar o sucesso sem reconhecimento público, e o mundo possui muitos heróis não celebrados."*

Michael DeBakey, cirurgião cardiologista

MECÂNICO ENFRENTA CHAMAS PARA SALVAR IDOSO

Uma explosão causada por gás arrancou o teto da casa de Alex McKay em Lake Wales, Flórida, em 2002. McKay, de 84 anos, ficou preso entre os destroços em chamas, e suas roupas estavam pegando fogo. Jimmie Michael Acerman, de 53 anos, um mecânico que estava trabalhando nas proximidades, correu até a casa e andou sobre o entulho ardente até alcançar McKay. Após usar seu boné para apagar o fogo nas roupas da vítima, Acerman carregou o idoso para fora, entregando-o ao cuidado de pessoas no local, enquanto as chamas consumiam a casa. Infelizmente, a despeito da ação heroica de Acerman, McKay morreu no dia seguinte, em virtude das graves queimaduras sofridas.

CÃO FANTASIADO DE ANJO TORNA-SE UM ANJO REAL

Em 2002, após escorregar e cair dentro de um gelado rio perto de Richland, Washington, Dragica Vlaco conseguiu voltar à margem, onde se deitou. Pensou que estivesse morta, pois viu um halo e asas. Mas esse não era um anjo comum: tinha quatro pernas, nariz frio e rabo comprido. Seu nome era Buoy – um labrador amarelo que estava fantasiado para uma festa de Halloween. O dono de Buoy, Jim Simpson, tinha deixado seu parceiro do lado de fora de casa naquela tarde. Como o normalmente obediente cão não aparecia, Simpson foi atrás dele. Encontrou Buoy na margem do rio, aconchegado ao lado de Dragica, que estava ensopada e tremendo, já que a temperatura era muito baixa. Dragica tinha ficado desorientada após tomar um medicamento analgésico, e se perdera de casa. Sua família, atormentada, procurava por ela havia horas. Autoridades declararam que, naquele frio de rachar, ela poderia não ter sobrevivido por mais tempo, se não fosse Buoy. Após receber tratamento, ela recuperou-se da hipotermia.

ESTUDANTE EVITA ESMAGAMENTO DE MOTORISTA

Em 1996, dirigindo seu carro no centro da cidade de Montreal, Canadá, Gerard Gravel, de 50 anos, parou sob uma ponte. De repente, blocos de concreto caíram sobre ele, esmagando seu carro. Um caminhão basculante perdera o controle na ponte e batera na mureta de proteção, soltando enormes pedaços de rocha e concreto sobre o carro de Gravel. Os destroços demoliram o carro, amassando e travando suas portas, deixando Gravel preso lá dentro. Enquanto isso, o caminhão continuava suspenso na ponte, balançando sobre a mureta. Os blocos e detritos continuavam caindo sobre o carro de Gravel, e ele gritou por socorro. Foi então que chegou Marie-Eve Renaud, universitária de 22 anos. Ela viu que o oscilante caminhão poderia tombar a qualquer momento, mas correu mesmo assim para o carro de Gravel. Apesar de atingida pelos detritos que caíam, tirou as pedras do caminho e, com toda sua força, forçou a abertura da porta do motorista, ajudando a retirar Gravel dali. Ambos conseguiram sair do local em segurança.

UM, DOIS, TRÊS, TENTE OUTRA VEZ

O dito "Se não conseguir na primeira vez, tente outra vez" tem um significado especial para um homem e para a mulher que ele salvou. Denise Robinson, de 39 anos, paralítica, ficou presa em sua casa em chamas em Summit, Nova York, em 2003. William J. Lum, de 24 anos, médico de primeiros socorros que estava de folga, correu até a casa após ver a fumaça. A fumaça nociva quase o nocauteou na primeira tentativa de entrar. Na segunda vez, a visibilidade era tão ruim, que ele trombou com uma viga de suporte e saiu cambaleando da casa. Na terceira vez, conseguiu chegar à sala onde jazia Denise. Lum a pegou pelos pés e a puxou para fora, usando seu próprio corpo para protegê-la dos detritos que caíam e do vidro estilhaçado e ardente. Depois de receberem cuidados médicos por causa da inalação da fumaça, ambos se recuperaram.

CIDADÃO PERSEGUE LADRÕES DE BANCO

Primeiro, os dois ladrões usaram um carro para arrombar um caixa automático de um banco em Londres, pouco antes do início de seu horário de funcionamento, em 2003. Em seguida, saíram correndo, carregando uma pequena caixa de metal com dinheiro. Cameron Black, de 64 anos, perseguiu-os a pé. "Eu estava totalmente ciente do que estava fazendo, e estava bravo por ver alguém violando a lei", lembrou Black. Enquanto corria atrás dos gatunos, aquele que carregava a caixa tropeçou e caiu. Black tentou chutar a caixa sob um carro estacionado. Nesse momento, o outro ladrão puxou uma arma e atirou em Black, que, de tão bravo, só percebeu que tinha sido atingido quando viu sangue em sua camisa. Por sorte, foi um ferimento leve. Apesar da heroica perseguição de Black, os ladrões fugiram com o dinheiro.

"O verdadeiro heroísmo é notavelmente sóbrio, não possui força dramática. Não é a ânsia de ultrapassar os outros a qualquer custo, mas a ânsia de servir os outros a qualquer custo."

Arthur Robert Ashe (1943-1993),
tenista norte-americano

COMISSÁRIA DE BORDO INICIA CARIDADE ACIMA DAS NUVENS

Em 1983, Nancy Rivard era gerente da American Airlines quando soube que seu pai morrera de câncer. Com o coração partido, ela pediu uma transferência de cargo: queria ser comissária de bordo, o que lhe daria a oportunidade de viajar pelo mundo a baixo custo, em busca de um sentido para sua vida. Então ela teve a ideia de recrutar voluntários entre funcionários de companhias aéreas e pessoas de fora do ramo, dispostas a usar suas viagens para levar ajuda aos necessitados de todo o mundo. Ela convenceu outros comissários a realizarem pequenos gestos, como juntar sabonetes e xampus de hotéis e entregá-los a refugiados bósnios. Por fim, 4 mil voluntários de dentro e de fora da indústria da aviação comercial adotaram a causa de Nancy, usando suas viagens e milhas para entregar pessoalmente 10 milhões de dólares em bens consumíveis aos carentes e necessitados. Hoje, membros da Airlines Ambassadors acompanham órfãos a novas famílias adotivas e oferecem ajuda humanitária a orfanatos, clínicas e comunidades distantes. "Quando você pratica a boa ação, as portas se abrem", afirmou Nancy.

Para mais informações, acesse:
www.airlineamb.org

TAMANHO NÃO É DOCUMENTO PARA MENINOS-HERÓIS

Quando George Ball e John McMahon ouviram os gritos de uma dama em apuros em uma rua de Londres, em 2004, eles não hesitaram em socorrê-la. Pouco importou que ambos tivessem apenas 9 anos de idade e a metade do tamanho do agressor, que agarrara a jovem por trás e roubara seu relógio Cartier. Os pequenos inimigos de criminosos correram atrás do ladrão e o apanharam pelos calcanhares. Percebendo que seria dominado, o ladrão largou o relógio e fugiu. Os notáveis garotos, homenageados posteriormente com a Champion Children, apanharam calmamente o relógio e o devolveram à moça, que ficou muda de surpresa, mas não mais aflita.

CADELAS RESGATAM DONO EM LAGO CONGELADO

Em 1995, o adestrador de cães Jim Gilchrist, de 61 anos, de Innisfil, Ontário, caminhava em um lago congelado quando o gelo partiu e ele caiu na água gélida. Seus cães – Tara, uma *rottweiler,* e Tiree, uma labradora – correram para ajudá-lo. Tara o alcançou primeiro, mas também foi engolida pelo lago. Vendo seus dois companheiros encrencados, Tiree tomou uma atitude diferente. Ela ficou de barriga e rastejou até o buraco no gelo, permitindo a Gilchrist se segurar em sua coleira. Mas Tiree não conseguiria puxar, sozinha, os 100 quilos de seu dono. Ao perceber isso, Tara subiu nas costas de Gilchrist e pulou para fora da água. Então, ela também ficou de barriga e posicionou-se ao lado de Tiree. Gilchrist segurou as duas coleiras, e ambas as cadelas o puxaram, tirando-o da água. "Elas arriscaram suas vidas para me salvar", declarou o adestrador. Os três recobraram a saúde, mas Tara ficou para sempre com pavor de água.

ADVOGADO DEFENDE MULHER NO MEIO DA RUA

O advogado Ronald Gross, de 31 anos, ouviu gritos enquanto dirigia por uma rua da cidade de York, na Pensilvânia, em 2003. Ele viu um homem forçando Kelly A. Capitani, de 34 anos, para um beco. Gross desceu de seu carro e gritou para o bruto deixar a mulher em paz. O agressor virou, dando a Kelly a chance de se libertar. No momento em que ela pulou para o carro de Gross, o bandido sacou uma arma, apontou para Gross e o obrigou a deitar na calçada. Ele ameaçava matar Gross, mas, em vez disso, golpeou-o no queixo e saiu correndo. O advogado não perdeu tempo em chamar a polícia, que perseguiu o agressor, morto após uma troca de tiros.

CAMPEÃO DA NATAÇÃO MERGULHA PARA SALVAR NAVIO

Entre os Winged Footers [algo como Pés com Asas], os velozes atletas do New York Athletic Club, nenhum era mais rápido na água do que o nadador Tedford Cann. Quando ele trocou o esporte pelo campo de batalha durante a Primeira Guerra Mundial, sua destreza na água o tornou um herói. Em 1917, Cann era um marinheiro a bordo do USS May, quando o navio se envolveu em um acidente e começou a afundar no Atlântico Norte. O campeão prontamente se apresentou para mergulhar e consertar o vazamento no fundo da embarcação. Ninguém sabia o tamanho do buraco no casco, ou se Cann seria tragado pelo oceano. Com o navio fazendo água rapidamente, o marinheiro campeão mergulhou nas águas escuras. Ele logo encontrou o buraco e voltou à superfície, em busca de algo para tapar o vazamento. Foram necessários vários mergulhos e subidas que duraram mais de uma hora, mas o vazamento foi contido. O ousado mergulho de Cann salvou o navio e rendeu ao jovem atleta a Medalha de Honra.

GAROTA RETIRA CAVALOS DE ESTÁBULO EM CHAMAS

Ashley Martinez, de 16 anos, limpava sozinha as baias de um estábulo em Staten Island, Nova York, no ano de 2003. De repente, uma enorme explosão arrancou o teto e estourou as janelas. Uma barca que descarregava gasolina em um depósito da Exxon Mobil nas proximidades tinha explodido. A fumaça e as faíscas tomaram o estábulo, causando o incêndio. Ashley, uma campeã equestre, ficou com medo, mas ela sabia que tinha de levar os animais para fora do estábulo. Ela também sabia que, sozinha, não seria fácil levar os 16 cavalos ariscos e loucos de medo para fora, em segurança. Mas o dono do estábulo não estava em casa, então Ashley não teve escolha. Um por um, começando com seu cavalo predileto, um pônei de 24 anos chamado Pearl, ela conseguiu levar, com segurança, todos os animais para fora do estábulo em chamas.

AMIGAS ENFRENTAM E DETÊM ESFAQUEADOR

Em uma noite de 2002, Cheryl-Ann Moriarty, 28 anos, mecânica de Nashua, New Hampshire, recebeu um assustador telefonema de uma amiga. Rebecca McKenzie estava discutindo violentamente em seu apartamento com um conhecido e pediu a Moriarty para ir buscá-la. Quando ela chegou, a discussão se transformara em facadas atrás de uma porta fechada. Desesperada, Moriarty arrombou duas portas e encontrou McKenzie sangrando no chão da sala, com o agressor brandindo a faca na direção dela. Ela segurou os ombros dele para afastá-lo, mas ele conseguiu esfaqueá-la no braço esquerdo. "Vou te matar!", gritava ele, enquanto ela corria para a cozinha. Ele ainda a esfaqueou três vezes, duas vezes no braço e uma nas costas, antes que ela conseguisse tomar a arma da mão dele e fugir correndo do apartamento para chamar a polícia, que apanhou o bandido. Ambas se recuperaram, apesar de McKenzie ficar internada no hospital durante duas semanas.

GATO ALERTA CASAL CONTRA INCÊNDIO

Charlie era um grande, velho e gordo gato birmanês, mas isso não o impediu de se tornar um herói. Apesar de o felino de 10 anos viver ao ar livre na maior parte do tempo, os donos Ken e Kimberly Coleman, de Pensacola, Flórida, levaram-no para dentro de casa em virtude do tempo frio naquele mês de novembro de 1991. Pouco antes da meia-noite, Charlie pulou sobre Kimberly, passando suas patas no rosto de sua dona. Ela acordou e sentiu cheiro de fumaça: a chaminé pegara fogo. O casal, seus dois bebês gêmeos e Charlie saíram todos sem problemas. Bombeiros declararam que as chamas poderiam ter matado a todos, caso Charlie não tivesse alertado sua dona.

"Coragem não é simplesmente uma das virtudes, mas a forma de todas as virtudes quando testada."

C. S. Lewis (1898-1963), escritor inglês

ASSISTENTE SOCIAL SALVA 3.500 CÃES E GATOS

Há três décadas, Chitra Besbroda era uma assistente social que trabalhava no bairro nova-iorquino do Harlem, quando descobriu que a vida nesse bairro era tão cruel com animais quanto com humanos. "Muitos deles [animais] viviam nas mais terríveis condições", disse ela. "Cheguei a encontrar um esqueleto de cachorro com sua coleira ainda pendurada – só esqueleto mesmo, só os ossos. O cão tinha morrido de fome." Ela passou a devotar sua vida ao auxílio de cães abandonados de sua vizinhança e fundou, em 1994, uma organização sem fins lucrativos – a Sentient Creatures [Seres Conscientes]. Em seus quase trinta anos de trabalho com animais sem abrigo e que sofreram maus-tratos, ela encontrou um lar para mais de 3.500 cães e gatos. Muitos deles teriam morrido sem o cuidado que Chitra deu a eles.

Para mais informações, acesse:
www.sentientcreatures.org

OPERÁRIO SALVA MENINO DAS CHAMAS

Em 2002, na cidade de Sacramento, na Califórnia, houve um incêndio na casa em que morava Ricardo Monteiro, de 3 anos. A família não o encontrava, enquanto as chamas consumiam a casa. Sabendo da emergência, Gabriel Gherle, de 25 anos, operário da construção civil, quebrou uma janela e entrou, mas saiu sem encontrar o menino na parte frontal da casa. Em seguida, correu para a parte de trás, onde achou uma mangueira de jardim. Molhando-se todo, ele entrou novamente, enfrentando fumaça e fogo, e encontrou Ricardo, que jazia inconsciente. Gabriel espirrou água no garoto, apanhou-o e saiu rapidamente da casa em chamas. Lá fora, entregou Ricardo aos bombeiros, que correram com ele para o hospital, onde se recuperou totalmente.

CÃO DINAMARQUÊS ENFRENTA ASSALTANTES EM BAR

Na noite em que oito ladrões armados invadiram o cabaré de John Goetz em Summit, Illinois, na véspera do Dia de Ação de Graças do ano de 1930, eles não perceberam um valente protetor atrás do balcão. Kaiser, um cão dinamarquês, animal de estimação de Goetz, ficou escondido enquanto os assaltantes forçavam o dono a se alinhar contra a parede, com as mãos para cima. Subitamente, um policial que estava no banheiro apareceu disparando. Um dos assaltantes apagou a luz, enquanto os outros começaram a atirar. Foi quando Kaiser atacou. Ele pulou sobre um dos bandidos e o manteve imobilizado, mas levou um tiro no ombro. Nem assim o corajoso cão desistiu. Ele seguia os flashes das balas disparadas e atacava os bandidos, enfiando seus afiados dentes nas pernas deles. O cão dinamarquês ainda mordia o casaco de um dos atiradores no momento em que os outros fugiam pela porta. Três pessoas morreram e outras três saíram feridas durante o ataque, mas o número poderia ter sido bem pior sem Kaiser, que sofreu apenas um leve ferimento. Posteriormente, ele foi recompensado por sua coragem com uma grande porção de peru de Ação de Graças.

UM HERÓI HISTÓRICO
Andrei Sakharov

Andrei Dmitrievich Sakharov (1921-1989), físico nuclear soviético, foi condecorado por desenvolver bombas atômicas durante a Guerra Fria. Conhecido como o "pai da bomba de hidrogênio", ele percebeu depois que os ideais que seguira como cientista – compaixão, liberdade e verdade – não poderiam servir a uma corrida armamentista ou ao comunismo. Ele fez campanhas pelo desarmamento, criticou seu governo com relação às liberdades individuais, lutou corajosamente por reformas e pelos direitos humanos na ex-União Soviética e denunciou o regime por sua intolerância com dissidentes. Quando suas palavras de oposição se espalharam pelo mundo, ele foi preso e renegado pelos filhos. Por sua coragem, ele recebeu o Nobel da Paz em 1975, mas em 1980 foi levado para Gorky, na Sibéria, como preso político. Ainda assim, recusou-se a ficar em silêncio, e sua reputação mundial finalmente o libertou, em 1986. O famoso cientista morreu três anos depois, em 1989, na era da *glasnost,* quando recebeu homenagens do Ocidente e de seu próprio país. Por falar sempre a verdade, Sakharov tornou-se a consciência da Guerra Fria e inspirou o movimento que derrubou o comunismo soviético.

Para mais informações, acesse: www.nobelprize.org/peace/laureates/1975/sakharov-autobio.html

PILOTO RESGATA 27 PESSOAS EM HISTÓRICA ENCHENTE

Violentas águas castigaram a cidade costeira de Hunstanton, na Inglaterra, durante as devastadoras enchentes de 1953, consideradas o pior desastre do século 20 a atingir a Grã-Bretanha em tempos de paz. Quando as águas avançaram pelo Mar do Norte, o piloto norte-americano Reis Leming, estacionado na base aérea norte-americana em Sculthorpe, pegou um pequeno bote de borracha e enfrentou sozinho o escuro e as enormes levas de água. Ao ouvir choros e gritos de socorro de gente ilhada e à beira da morte, Leming rapidamente entrou em ação, retirando as pessoas dos telhados e levando-as para lugares mais altos. "Estava frio, muito frio", lembrou. "Então, chegou uma hora em que percebi que eu provavelmente também não sobreviveria." Leming resgatou 27 pessoas, até cair inconsciente em virtude de hipotermia. Ao acordar, horas depois, as primeiras palavras que ouviu foram: "Cortem as pernas dele". Por sorte, a voz era de uma enfermeira que tentava livrá-lo de seu uniforme de piloto, para assim massageá-lo e reanimá-lo. Leming, por sua bravura, tornou-se o primeiro norte-americano a receber, em tempos de paz, a Britain's George Medal, a segunda mais alta honraria da nação.

GAROTO SALVA FAMÍLIA DE INCÊNDIO

Em uma manhã de novembro de 2003, Dean Kerr, de 10 anos, de Edimburgo, Escócia, viu fumaça e chamas vindos do quarto de sua irmã Leigh, de 9 anos. Certificando-se de que ela não estava lá, ele bateu a porta e ligou para a brigada de fogo. "A mulher perguntou se eu podia tirar minha família de casa, daí eu disse que tentaria", lembrou o garoto. Ele acordou os pais, em seguida foi buscar o irmão. "Meu irmãozinho não conseguia sair da cama, daí o peguei", disse Dean. "Ele chorava muito. Eu o levei para baixo, e ficou tudo bem." O comandante dos bombeiros da região declarou que se Dean não tivesse agido rápido, alguém poderia ter saído gravemente ferido ou até morrido.

HOMEM DE CORAÇÃO
TRANSPLANTADO MOSTRA GARRA

Lyle D. Baade, de 66 anos, operário da construção civil aposentado que vivia em Peoria, Arizona, uma comunidade para aposentados, tinha o coração transplantado, mas ainda assim evitou um massacre no ano de 2000. Richard Glassel, de 66 anos, sentara-se sem ser convidado no meio da sala de reunião da associação dos moradores, onde quarenta membros realizavam sua assembléia. Ele portava três pistolas e um rifle. Glassel, um descontente ex-morador da comunidade, puxou uma das pistolas e começou a disparar, atingindo quatro pessoas. Quando soltou a pistola e começou a puxar o rifle, Baade entrou correndo e, mesmo sendo menor que Glassel, conseguiu jogar o agressor no chão, onde brigaram pelo controle da arma. Glassel disparou um tiro a esmo que atingiu outro homem no tornozelo. Em seguida, os outros homens da sala saltaram sobre Glassel, como Baade fizera, dominando-o até a chegada da polícia. Dois homens morreram e três saíram feridos durante o ataque, mas Baade, que teve de ser hospitalizado por causa de uma rápida hipertensão, recebeu o crédito por ter evitado um banho de sangue que poderia ter levado quarenta vidas.

PASTOR ALEMÃO SALVA A VIDA DE DONO EM REMOINHO

No feriado do Dia de Ação de Graças de 1975, Zorro, um pastor alemão com mais de 35 quilos, deu a seu dono, Mark Cooper, 26 anos, mais um motivo para dar graças. O mecânico de automóveis de Orangevale, Califórnia, caminhava em uma remota e montanhosa área ao longo de uma ladeira íngreme, quando escorregou e caiu de uma altura de 25 metros em um rio, onde foi tragado por um remoinho. Em sua luta para se libertar, ele perdeu a consciência. Quando voltou a si, sentiu seu cão tentando puxá-lo, com os dentes, para uma rocha lisa. Mark escorregou da boca de Zorro e caiu de novo na água, mas o cão conseguiu puxá-lo novamente e subi-lo na rocha. Em seguida, Zorro esticou-se em torno das pernas de Mark, segurando-o firmemente para que não tornasse a cair. Mark ficou muito ferido para poder caminhar, e só após três dias o resgate o encontrou. Zorro ficou ao seu lado o tempo todo, apertando seu corpo contra o de seu dono, a fim de mantê-lo aquecido. "Eu não estaria vivo hoje se não fosse meu cão", disse Mark um ano depois, quando Zorro recebeu uma homenagem por sua bravura.

ADOLESCENTE SALVA COLEGA ARRASTADO POR CAVALO

Arthur Phillips Jr. e Neal Reed, ambos com 16 anos, pastoreavam ovelhas em um rancho próximo a Sterling City, Texas, no ano de 1943. Depois de laçar uma ovelha, Neal desmontou de seu cavalo e pisou inadvertidamente em uma volta de seu laço, que estava no chão, e ainda presa à sela. Subitamente, seu cavalo ficou arredio e saiu em disparada, fazendo o laço apertar as pernas de Neal e arrastá-lo. Vendo o que estava acontecendo, Arthur galopou atrás dele. Por várias vezes, ele quase alcançava as rédeas do cavalo de Neal, mas o animal sempre escapava. Arrastado pelo chão, Neal sofria com os constantes golpes em pedregulhos e pedras afiadas. Por fim, com ambos a pleno galope, Arthur soltou-se do seu animal e pulou, agarrando-se ao pescoço do cavalo de Neal. Forçando a cabeça do animal para baixo, conseguiu dominá-lo, até ele parar. Neal sofreu arranhões e contusões, enquanto Arthur sofreu apenas alguns ferimentos leves.

GAROTA É SALVA DAS GARRAS DE URSO-NEGRO

Em 1999, o paisagista David Michael Calnan, de 45 anos, estava trabalhando em um acampamento perto de Dawson City, Yukon, território do Canadá. De repente, um campista correu em sua direção, gritando que um urso estava atacando uma jovem. Calnan disparou até o local, onde um urso-negro avançava sobre Carrie-Lynne Fair, de 19 anos. Ele atirou três tocos de madeira no animal, com o intuito de afastá-lo; em vez disso, a fera ficou ainda mais furiosa e o atacou duas vezes. A cada vez, o urso chegava a poucos passos dele, depois voltava para a já ferida garota, arrastando-a. Calnan pegou uma tora e bateu repetidamente no urso, forçando-o a recuar cerca de 30 metros. A partir daí, a fera rodeou Calnan e Fair algumas vezes, até um policial chegar e colocar o urso para correr. Retirada do local, a garota precisou ser hospitalizada.

Para mais informações, acesse:
www.carnegiehero.org

"Superastros lutam por aprovação; heróis andam sozinhos. Superastros buscam consenso; heróis definem-se pelo julgamento de um futuro que eles veem como dever realizar. Superastros buscam sucesso usando uma técnica para obter apoio; heróis buscam sucesso como o resultado de valores íntimos."

Henry Kissinger, ex-secretário de Estado dos EUA

HOMEM PULA NO MAR GELADO PARA SALVAR GAROTO

Uma gigantesca onda invadiu Aberdeen Beach, na Escócia, em 2004, atingindo dois garotos. Alastair Farquharson, de 54 anos, viu a onda engolir os meninos. Um deles fora jogado contra um quebra-mar e escapou em segurança. Entretanto, o outro, Ryan Smith, de 12 anos, tinha sido tragado pelo mar. Alastair, que só estava na praia porque tinha perdido uma sessão de cinema ali perto, tirou sua jaqueta, vestiu um cinto salva-vidas e entrou no mar bravio e gelado. Ele nadou até Ryan, que estava inconsciente, mas vivo. Rapidamente, trouxe o garoto de volta para a praia. Alastair foi saudado como herói, mas ele disse que não fizera nada de extraordinário. "Nem pensei nisso. Mergulhei e saí com o garoto. Nada de mais."

EX-POLICIAL RESGATA VÍTIMA DE CAMINHÃO EM CHAMAS

"Socorro, estou pegando fogo!", foi o grito desesperado do motorista que estava preso na cabine de seu caminhão-tanque em chamas, quando este derrapou e tombou em uma estrada em Jackson, Mississippi, em 2004. Vários motoristas pararam, mas ninguém se dispôs a se aproximar da carreta em chamas, pois ela transportava material perigoso. Menos Rick Trask, ex-policial e soldado, que chegou ao local e não hesitou em ajudar. Trask correu até a cabine em chamas e com dois pontapés arrombou a porta, soltando o motorista, que estava preso e fadado a morrer queimado. Trask foi tido como herói, mas nega isso. "As pessoas não imaginam o que podem fazer, até que chega a hora", disse ele. "Acho que foi instinto, mas eu sabia que tinha de fazer qualquer coisa para ajudar."

MARUJO SALVA GATO EM TEMPESTADE DE ALTO-MAR

Em 1930, um marinheiro arriscou sua vida para resgatar um teimoso gato durante uma tempestade em alto-mar. Ventos fortes, chuvas torrenciais e ondas violentas batiam no casco do navio a vapor sul-americano El Lobo, quando este transportava sua carga de 50 mil barris de óleo para a Filadélfia. Durante o ápice da tempestade, o felino, mascote do barco, correra para o convés. Logo atrás dele estava o engenheiro-chefe Rudolph Newcastle, determinado a levar o gato de volta para baixo. Enquanto os dois pareciam brincar de gato e rato, uma enorme onda invadiu o navio-tanque, arrastando ambos para o mar. De alguma forma, Newcastle conseguiu agarrar o gato. Em seguida, seu chefe lhe atirou uma bóia salva-vidas. Ainda grudado ao felino, Newcastle segurou a bóia, e ambos foram levados de volta ao navio.

TRANSEUNTE RESGATA IDOSO DE CARRO EM LAGO

Andrew Rose observou estupefato um carro perder o controle, atravessar uma faixa de pedestres e bater em vários veículos, antes de cair em um lago perto de Elanora, na Austrália, em 2004. Disposto a ajudar, Andrew, de 34 anos, mergulhou no lago rapidamente. Dentro do carro, o motorista, um senhor de idade, estava em choque, com o olhar fixo. Todas as janelas estavam fechadas e as portas, travadas. Andrew bateu na janela, mas o motorista não respondia. Por fim, conseguiu baixar o vidro e retirar o idoso. Quando ambos alcançaram a margem do lago, o carro já tinha afundado. Mais tarde, no hospital, os médicos diagnosticaram que o motorista sofrera um ataque de apoplexia. Andrew, carpinteiro, só estava no local do acidente porque tirara licença médica, em virtude de uma perna machucada. "Eu só estava no lugar errado, na hora certa," brincou o corajoso carpinteiro.

LAVADEIRA DOA POUPANÇA DE TODA UMA VIDA PARA EDUCAÇÃO

"Eu estou doando o que tenho para que as crianças não tenham de trabalhar tão duro, como eu trabalhei", disse Oseola McCarty. Ela estava explicando por que doara todo o dinheiro que economizara e acumulara durante décadas de trabalho pesado como lavadeira em Hattiesburg, Mississippi. Filha única, Oseola nunca tivera uma educação formal. Quando ela soube que estava morrendo de câncer, em 1995, decidiu que o dinheiro que poupara durante a vida inteira seria usado para dar aos jovens as oportunidades que ela não tivera. Então, doou sua pequena e suada fortuna – 150 mil dólares – para a University of Southern Mississippi, em forma de bolsas de estudo. A generosidade dessa humilde mulher a tornou uma celebridade, e ela recebeu centenas de homenagens – incluindo a President's Citizen Medal e um diploma honorário de Harvard. Em 1999, antes de sua morte, aos 91 anos, McCarty tinha carregado a tocha olímpica, ligado a bola que dá início à contagem regressiva de Ano-Novo na Times Square e recebido os cumprimentos do presidente dos Estados Unidos. Mas o melhor de tudo é que seu gesto inspirou outros a fazerem o mesmo. Ted Turner, um dos homens mais ricos do mundo, destinou fundos de 1 bilhão de dólares para institutos de caridade.

Para mais informações, acesse:
www.usm.edu/pr/oolamain.htm

"A coragem é contagiosa. Quando um homem valente toma uma posição, as colunas de outros homens frequentemente ficam eretas."

Billy Graham, evangelista norte-americano.

RAPAZ SALVA GAROTO EM LAGO CONGELADO

Em dezembro de 1991, Billie Miller, de 22 anos, viu alguém se debatendo em um pequeno lago congelado. Era o menino Frederick DePerkins, de 10 anos, que caíra em um buraco num laguinho do Parque Fontenelle, em Omaha, Nebraska. Cuidadosamente, Miller caminhou 18 metros sobre a camada de gelo e estendeu sua jaqueta ao garoto. Frederick a segurou, mas quando Miller começou a puxá-lo, o gelo abaixo de seus pés rachou e ele também afundou. Ainda assim, conseguiu chegar até o menino, erguendo-o de volta à camada de gelo, permitindo assim que ele voltasse à margem. Miller tentou se mover, mas seus pés estavam presos no barro do fundo do lago. Durante a luta para se soltar, ele perdeu a firmeza e afundou. Por sorte, bombeiros chegaram a tempo de retirá-lo. Levaram-no para o hospital, onde recebeu tratamento contra hipotermia, e depois recebeu alta.

POLICIAL SEGURA GRANADA, EVITANDO EXPLOSÃO

O oficial de polícia Rodney Chambers, da ferrovia estatal americana Amtrak, e o oficial de polícia Michael De Carlo, do Capitólio (sede do Congresso norte-americano), estavam prendendo um homem que ameaçava pedestres em Washington, DC, em 2003. O sujeito, depois identificado como Juann Tubbs, subitamente empunhou uma granada e soltou o pino da alavanca de acionamento. Em vez de buscar abrigo, Chambers avançou, agarrou a mão do lunático e tomou-lhe a granada. Em seguida, apertou com força o grampo de segurança, evitando que o projétil detonasse. Durante longos e tensos 15 minutos, Chambers segurou a granada, até a chegada do esquadrão antibombas.

CÃO BASSÊ LEVA MENSAGEM DE SOCORRO

Em um gelado dia de dezembro de 1981, Nancy Milestone dirigia um trator quando este virou, caindo sobre suas pernas e pélvis. A garota, de 17 anos, estava na fazenda de seus pais em Mount Horeb, Wisconsin, mas distante da casa. Nancy gritou por socorro, mas não havia ninguém por perto, exceto seu cãozinho de estimação, um *basset hound* chamado Buster. Nancy o viu parado bem perto dela, mas pensou que o cão, a quem ela apelidara Dumbbell,* era muito bobo para ajudá-la. Mas Buster a surpreenderia. Sem outra opção, ela achou um pedaço de papel no bolso de sua jaqueta e rabiscou um pedido de ajuda com seu próprio sangue. Em seguida, prendeu o bilhete na coleira do cão e pediu-lhe que fosse para casa. Buster não conhecia esse comando, mas correu na direção da casa. Pouco tempo depois, o irmão de Nancy chegou correndo, retirando-a dali. Durante o período de recuperação, a garota soube que Buster tinha corrido até a casa e não parara de latir, algo que era um tanto incomum para o pequeno e dorminhoco cachorrinho. Depois disso, Nancy deu outro apelido para seu bichinho. Em vez de Dumbbell, ela passou a chamá-lo de Hero *[herói]*.

* *"Dumbbell" é uma gíria para bobalhão, tonto. (N. do T.)*

ALPINISTA DESCE MONTANHA COM AMIGO NOS OMBROS

No ano de 1926, o alpinista Wilbur Page estava perto do cume da Belknap Mountain, em New Hampshire, quando escorregou e fraturou o tornozelo. Para sua sorte, seu companheiro era Victor Sadd, um audacioso piloto da British Flying Corps durante a Primeira Guerra Mundial. Calmamente, Sadd improvisou um torniquete com galhos no tornozelo de Page e o carregou sob seus ombros montanha abaixo, a despeito dos 92 quilos de seu colega. Sadd pesava 80 quilos, mas teve forças para descer a montanha, chegar à base, colocar Page em um carro e levá-lo a um hospital. Entretanto, isso não era de fato necessário. Os médicos disseram que Sadd montara tão bem o torniquete, que o trabalho deles se resumia apenas em fazer uma bota de gesso.

SENHORIO RESGATA INQUILINA DE CASA EM CHAMAS

Em 2003, na cidade de Port Orange, Flórida, Jupp Norhausen, de 53 anos, resgatou uma aterrorizada inquilina que se escondia no banheiro após sua casa alugada começar a arder em chamas. Norhausen, engenheiro elétrico e dono do imóvel, teve de rastejar através das chamas e da corrosiva fumaça negra, até encontrar a mulher encolhida no chuveiro. Em seguida, ele a tirou dali, e juntos rastejaram para fora da casa em chamas.

"Coragem é muito importante. Como um músculo, ela é fortalecida pelo uso."

Ruth Gordon Jones (1896-1985),
atriz e roteirista americana

REMADORES SALVOS POR ESTUDANTE DE MEDICINA

Em dezembro de 2000, fortes ventos de mais de 100 quilômetros por hora viraram dois barcos com 16 membros do Clube de Remo da Universidade de Oxford, categoria peso-leve, quando treinavam no Rio Ebro em Amposta, na Espanha. Hugh Wright, de 21 anos, aluno de medicina, mandou seus colegas se agarrarem aos barcos virados de cabeça para baixo, até chegar ajuda. Porém, o membro da equipe Leo Blockley, de 21 anos, não conseguiu se agarrar e foi arrastado pela forte corrente. Wright nadou atrás dele e o procurou mesmo depois de Blockley desaparecer nas turbulentas águas. Wright continuou procurando, mas estava tão cansado, que poderia se afogar. Reunindo suas últimas forças, nadou cerca de 100 metros até a praia, onde soou o alarme. Uma equipe de resgate salvou todos os remadores que tinham se agarrado aos barcos. Infelizmente, Blockley morreu afogado. Por seus heroicos esforços para tentar salvar seu companheiro de equipe, Wright recebeu a Medalha de Prata da Royal Humane Society.

UMA HEROÍNA HISTÓRICA
Clara Barton

Clarissa Harlowe Barton (1821-1912), mais conhecida como Clara Barton, nasceu em Oxford, Massachusetts. Após trabalhar como professora, tornou-se auxiliar de escritório em Washington, DC, no início da Guerra Civil americana, ajudando a abastecer as tropas e oferecendo assistência aos feridos. O número de soldados feridos crescia sem parar, e ela percebeu que a União não tinha planos para lidar com essas baixas. Demorou um ano, mas ela acabou convencendo o governo a deixá-la trabalhar nos campos de batalha com seus próprios suprimentos médicos. Na Batalha de Antietam, ela enfrentou as balas das tropas sulistas para entregar suprimentos aos cirurgiões e oferecer conforto aos feridos e moribundos. Seus incansáveis esforços em uma das mais sangrentas batalhas da Guerra Civil valeram-lhe o apelido "Anjo do Campo de Batalha". Após o fim da guerra, ela partiu para a Europa, onde trabalhou para a Cruz Vermelha Internacional. Barton continuou seu trabalho e por fim criou, em 1881, a Cruz Vermelha americana, da qual foi a primeira presidente. Como resultado de suas campanhas, os Estados Unidos assinaram a Convenção de Genebra em 1882.

Para mais informações, acesse:
www.nps.gov/clba

CADELA DE ESTIMAÇÃO RESGATA DONA EM PISCINA

Kathie Webber e seu marido, Chuck, tinham adotado um labrador chocolate no outono de 2001. Deram-lhe o nome de Carly Simon, cantora predileta de Khatie, e a encheram de amor. A cadela retribuiu com um presente que ambos jamais esperariam. Durante uma incomum onda de frio na época de Natal em Ocala, na Flórida, Khatie agasalhou-se bem – colocou camiseta, blusa de frio, casaco e botas – e foi cuidar de suas plantas. Subitamente, escorregou e caiu na piscina. Aquelas roupas pesadas a puxaram para o fundo, e ela não conseguia se mexer. "Não acredito que vou me afogar em minha própria piscina", pensou Khatie. Nesse momento, ela ouviu um uivo e um *splash*. Carly tinha mergulhado na piscina. Em seguida, nadou em círculo, descendo até que Khatie pudesse agarrar seu rabo; então levou-a para a superfície. Assim que saíram da água, Carly cobriu de lambidas o rosto de sua dona. "Foi o melhor presente de Natal que já recebi", disse Khatie.

Leia mais sobre cães heróis em Dogmania: Amazing but True Canine Stories *[Mania de Cachorro: Impressionantes mas Verdadeiras Histórias Caninas], de Allan Zullo e Mara Bovsun (Andrews McMeel Publishing, 2006).*

HOMEM EVITA QUE GAROTA VIRE CINZAS EM ACIDENTE

Em 2002, um acidente arremessou o carro de Angela M. Hutsell ribanceira abaixo, em chamas. Isso aconteceu perto da cidade de Ladue, Missouri. Angela, de 19 anos, jazia inconsciente, com o corpo para fora do carro, mas a cabeça presa no veículo pela janela do motorista. Kalvin Kabinoff, de 53 anos, desceu correndo o barranco e, a despeito das chamas que praticamente tomaram o carro, tentou puxar Angela através da janela. Porém, o cinto de segurança estava travado no ombro da moça, o que impedia Kabinoff de libertá-la, então ele enfrentou o fogo e removeu o cinto. Assim que a libertou, Kabinoff rolou a garota pelo chão, apagando as chamas que lambiam seu corpo. Angela sofreu amplas queimaduras de terceiro grau, mas se recuperou.

ESTUDANTE APANHA LADRÃO DE CALÇA CURTA

No ano de 2003, quando o estudante Gidone Sirick, de 19 anos, viu um homem com traje esportivo correndo para fora de uma joalheria em Woolwich, região sudeste de Londres, ele sabia que o sujeito não estava praticando exercício. Era um ladrão de jóias. O estudante correu atrás dele, alcançando-o e derrubando-o. Na intensa luta para se livrar do adolescente, o meliante perdeu a calça e o tênis, mas conseguiu fugir. Sirick entregou a roupa do ladrão à polícia que, por meio de um teste de DNA, descobriu a identidade do criminoso: Michael Blake, de 19 anos. Ele passou três anos e meio na cadeia.

> *"Coragem é a escada pela qual todas as outras virtudes sobem."*

Clare Boothe Luce (1903-97), dramaturga e jornalista

MENINA PILOTA ESCUNA DURANTE FURACÃO

Quando o capitão F. W. Patten e a maioria da tripulação contraíram beribéri em uma viagem do Havaí à Filadélfia, em 1905, coube a Nellie May, filha de Patten, conduzir o navio. A menina, de 9 anos, aprendera navegação nas muitas horas passadas ao lado do pai quando ele ficava ao leme de seu navio, a escuna de sete mastros Kineo. Com sua *collie* Tam O'Shanter junto de si, a destemida garotinha manteve o navio em seu curso, pilotando habilmente através dos fortes ventos e das grandes ondas provocadas por um furacão, que já enviara muitos outros navios ao fundo do mar. Vários homens morreram doentes durante a viagem. Por sorte, o capitão Patten recuperou a saúde em duas semanas. "Papai disse que sua pequena capitã – isto é, eu mesma – pode agora se aposentar com glória", escreveu Nellie May em um diário que foi publicado em um jornal nova-iorquino. "Ele disse que eu tinha salvado muitas vidas." O navio aportou na Filadélfia em novembro, dando a Nellie a recompensa pela qual ela rezara durante toda sua missão – uma ceia de Natal na casa de sua avó, em Mount Holly, New Jersey.

EXECUTIVO PARAPLÉGICO AJUDA COMUNIDADES POBRES

Allan Tibbels, de Baltimore, era um executivo de sucesso. Em 1981, sua vida mudou para sempre quando ele quebrou o pescoço durante uma partida de basquete. Apesar de paralisado do peito para baixo, Tibbels decidiu devotar sua vida a ajudar seus semelhantes. Começou em um cortiço dominado pelas drogas, conhecido como Sandtown. No início, a maioria dos moradores negros evitava aquele homem branco em cadeira de rodas. Depois, as crianças ficaram curiosas. Por fim, ele conquistou confiança suficiente das pessoas para construir uma igreja. Em 1988, aliou-se à entidade Habitat for Humanity, que promove a construção de casas populares, e dirigiu a reforma ou construção de 160 novos lares. Também arrecadou US$ 5 milhões para as áreas de saúde e educação, bem como para centros de recolocação profissional. Embora não tenha escapado dos usuais problemas do centro da cidade – incluindo ser assaltado à mão armada –, Tibbels possui uma legião de fãs. "Seu coração é tão grande quanto este mundo", declarou Glenda Mack, de 59 anos, que, graças a Tibbels, tem uma casa própria pela primeira vez na vida.

GATA RESGATA FILHOTES DE INCÊNDIO

Em um dia de inverno de 1996, o bombeiro nova-iorquino David Giannelli enfrentava um incêndio em uma garagem abandonada quando viu pequenos gatinhos sujos de fumaça saindo do prédio, um de cada vez. Giannelli não conseguia imaginar de onde eles vinham, até que ele encontrou a mãe dos bichinhos, toda queimada e coberta de fuligem, com os olhos fechados. A destemida felina mergulhara nas chamas para resgatar seus filhotes, um por um. Giannelli a chamou de Scarlett, e seu feito heroico virou sensação internacional. E o final feliz? Scarlett e quatro de seus cinco filhotes – um deles morreu vítima de um vírus, posteriormente – foram adotados por amorosas famílias.

APOSENTADO USA CADEIRA PARA DETER ASSALTANTE DE BANCO

Em 1999, Louis G. Lalande, um montador de caldeiras a vapor aposentado, residente em Oshawa, no Canadá, realizava um trabalho voluntário em um shopping center. De repente, ele ouviu disparos vindos de uma agência bancária do outro lado do corredor. Ele correu para a janela do banco e viu um ladrão exigindo dinheiro dos caixas e atirando contra um cliente no chão com uma pistola de dar largada em competições esportivas. Lalande pegou a arma mais próxima que encontrou – uma cadeira de metal – e invadiu o banco, avançando contra o bandido. Duas boas pancadas na cabeça bastaram para derrubar o assaltante e desarmá-lo. Três outros homens ajudaram a segurá-lo, até a chegada da polícia.

ASTRO DO CINEMA USA MANGUEIRA CONTRA INCÊNDIO

Na véspera de Ano Novo de 1996, um transformador de linha de transmissão de força explodiu, causando um rápido incêndio florestal em Carpinteria, na Califórnia. Fortes ventos tinham derrubado árvores nas estradas, impedindo os bombeiros de alcançarem o incêndio, que estava saindo do controle. Várias casas estavam no caminho do fogo. Dando-se conta de que algo tinha de ser feito urgentemente, o ator Kevin Costner, que morava na região, apanhou uma mangueira de jardim e inundou as chamas. Com a ajuda de um vizinho, Costner conseguiu extinguir rapidamente o fogo. As autoridades declararam que ele tomara uma "atitude ingênua", mas os danos poderiam ter sido piores, se não fosse por essa heroica ação na vida real. Ironicamente, Costner acabara de dirigir e estrelar *Waterworld – O Segredo das Águas*.

"A coragem da vida é normalmente um espetáculo menos dramático do que a coragem de um momento final; mas não é nada mais do que uma magnífica mistura de triunfo e tragédia."

John F. Kennedy,
presidente norte-americano assassinado em 1963

EDSON FARORO, O BOMBEIRO MODESTO

O bombeiro Edson Faroro atuou nos dois maiores incêndios da cidade de São Paulo. Em 24 de fevereiro de 1972, com apenas 20 anos, ele trocava a sinalização para aeronaves no topo do edifício Banespa, em São Paulo, quando avistou um foco de incêndio no edifício Andraus, na avenida São João. Avisou o batalhão pelo rádio e foi para o local, onde queimou mãos e orelhas atuando nas operações de salvamento. Dezesseis pessoas morreram na tragédia. Dois anos depois, também em fevereiro, um incêndio destruiu o edifício Joelma, próximo à Câmara Municipal, matando 179 pessoas e ferindo outras 300. Mesmo ajudando a salvar muita gente nesses dois incêndios, Faroro recusa o título de herói: "Herói é quem salva alguém sem ser treinado para isso. Bombeiros não são heróis, são homens comuns que fazem um trabalho para o qual foram treinados".

Para mais informações, acesse: http://sampacentro.terra. com.br/textos.asp?id=204&ph=11

SARGENTO PULA NO FOSSO DAS ARIRANHAS PARA SALVAR GAROTO

Gritos ecoaram pelo Zoológico de Brasília na tarde de 27 de agosto de 1977, quando o adolescente Adilson Florêncio da Costa, de 13 anos, caiu no fosso das ariranhas e passou a ser atacado pelos animais. Imediatamente o sargento do Exército Silvio Delmar Holenbach, de 33 anos, pulou no fosso e conseguiu jogar o garoto para fora, mas acabou sendo atacado pelo bando de ariranhas, que são ferozes quando se sentem ameaçadas. Quando foi finalmente puxado para fora, Silvio estava ensanguentado e tinha centenas de cortes finos e profundos pelo corpo. Internado no Hospital das Forças Armadas, o sargento morreu três dias depois, de infecção generalizada. Deixou mulher e quatro filhos, o mais velho de 7 anos. A viúva, Eni, disse trinta anos depois que o heroísmo do marido marcou para sempre a vida da família e serviu de exemplo na educação dos filhos.

Para mais informações, acesse: http://www.apeb.com.br/ apeb/arquivo/noticias/2007/sgt_heroi.htm

BOXER DE 1 ANO SALVA CRIANÇA DAS GARRAS DE UM PITBULL

A pequena Maria Eduarda da Silva é uma menina bonita, de rosto corado e cabelo com trancinhas. Na manhã de 6 de agosto de 2006 ela estava brincando na garagem de casa, em Uberaba (MG), quando o pitbull de um vizinho se soltou da corrente, pulou o muro e correu na direção da menina. Há um ano o pai de Maria Eduarda, o sargento do corpo de bombeiros Laerte Araújo da Silva, de 30 anos, tinha dado um filhote da raça boxer à filha. Batizado de Killer [Matador], apesar de pacífico, o cão era o maior companheiro da menina. Quando o pitbull estava a dois metros de Maria Fernanda, Killer o interceptou, travando uma luta sangrenta e desigual, dando tempo à garota de refugiar-se em casa. Quando os proprietários do pitbull finalmente conseguiram recolhê-lo, Killer tinha mordidas por todo o corpo, mas estava vivo. E era herói.

Para mais informações, acesse: http://www.jmonline.com.br/?canais,8,06,181,Pol%C3%ADcia
http://robertofigueiro.multiply.com/reviews/item/14

CAMINHONEIRO SALVA 55 PESSOAS DE ÔNIBUS ACIDENTADO

O primeiro dia de 1982 já tinha anoitecido. Sob forte chuva, o vendedor de frutas Joel Silveira, de 32 anos, dirigia seu caminhão de volta para Taubaté (SP) quando notou que o muro de proteção de uma ponte estava destruído e havia luzes no leito do Rio Pequeno. Um ônibus que saiu de Brasópolis (MG) para São José dos Campos tinha capotado e estava de rodas para o ar, com 55 pessoas a bordo. Joel desceu o barranco, enfrentou a correnteza e rapidamente tratou de tirar as pessoas do veículo. O caminhoneiro se machucou com os estilhaços de vidro, mas conseguiu retirar todo mundo. Depois, fez parar um caminhão leiteiro, que em várias viagens levou todas as vítimas para um hospital de Taubaté. Finalmente, interceptou um ônibus e convenceu seus ocupantes a irem doar sangue aos acidentados. Graças à intervenção do vendedor de frutas, ninguém morreu.

Para mais informações, acesse: http://jornal.valeparaibano. com.br/2003/11/02/tau/motori1.html

RIQUELME,
O HOMEM-ARANHA MIRIM

Novembro de 2007. Vestido como Homem-Aranha, Riquelme dos Santos, de 5 anos, brincava ao lado de sua casa, em Palmeira (SC), quando ouviu gritos. A vizinha Lucilene Córdova, de 36 anos, pedia ajuda para salvar Andriele, sua filha caçula, de 1 ano e dez meses. Lucilene lavava roupa no quintal quando percebeu o incêndio em casa. Tentou entrar no quarto para pegar a filha, que dormia no berço, mas não conseguiu. Então, Riquelme se aproximou. "Ele disse que não era para eu gritar, nem chorar, pois salvaria Andriele", contou Lucilene. Saltitando, o pequeno Homem-Aranha sumiu entre o fogo e a fumaça, e logo depois saiu com Andriele nos braços. O gesto fez do menino um herói dos bombeiros de Palmeira, mas o sargento Macedo alertou que Riquelme poderia ter se transformado em vítima. Lucilene ofereceu R$ 50,00 para o salvador de sua filha, mas o herói recusou.

Para mais informações, acesse:
http://www.braziliantop.com/noticia.php?cdnoticia=75
http://noticias.terra.com.br/brasil/interna/0,,OI2062887-EI8139,00.html

A COSTUREIRA QUE SALVOU CINCO CRIANÇAS

Chovia naquela noite de sábado, 26 de janeiro de 2008, em Araçaí (MG). Um jipe com 13 pessoas voltava de um batizado na Fazenda Boa Esperança quando seu motorista, Pedro Monteiro de Castro, de 32 anos, foi alertado por um tratorista para que não atravessasse um córrego à frente. Mas Pedro, que tinha bebido na festa, alegou que o curso de água era raso e prosseguiu. O veículo acabou sendo arrastado pela correnteza para uma parte funda e, como era fechado, as pessoas não conseguiam sair. Sentada sobre o porta-malas, a costureira Rosângela de Matos, de 48 anos, conseguiu quebrar o vidro traseiro com a caixa de som e por ali salvou cinco crianças, entre elas o seu filho de 8 anos e a neta, de 5. Os outros sete passageiros morreram.

Para mais informações, acesse: http://www.otempo.com.br/otempo/noticias/?IdEdicao=813&IdCanal=6&IdSubCanal=&IdNoticia=68118&IdTipoNoticia=1

A MÃE QUE SALVOU O FILHO SEM SABER NADAR

Nos dias quentes de janeiro de 2007, a população de Franca (SP) foi obrigada a recorrer a minas e poços devido ao corte no abastecimento de água. Maria Jerônima Campos, de 36 anos, enchia vasilhames em uma mina, enquanto os filhos Gabriel, Daniel e Pedro Henrique brincavam ao lado de um poço de 4 metros de profundidade construído para ser o estacionamento de um prédio. Nisso, Daniel gritou pela mãe. Seu irmão gêmeo Gabriel, de 7 anos, tinha caído no poço. Gabriel se debatia, com dificuldades para se manter à tona. Maria não sabia nadar, mas se atirou à água. Conseguiu segurar o garoto, e dois homens os puxaram para fora. "Era a única maneira de salvar meu filho. Nessas horas a gente acha força não sei de onde", disse a mãe. Gabriel chegou a desmaiar, mas sofreu apenas escoriações provocadas pelas hastes de ferro da construção inacabada.

Para mais informações, acesse: http://brazilianpress.locaweb.com.br/20070124/brasil/noticia01.htm

O FELIZ ANIVERSÁRIO DE
ADRIANO LEVANDOSKI

Naquele sábado, 9 de dezembro de 2006, o analista de sistemas Adriano Levandoski de Miranda fazia seu 27º aniversário e queria estar com a mulher e o filhinho de 2 anos, mas não foi dispensado pelo patrão. Aborrecido, às 9h30 ele atravessava a Ponte João Dias, em São Paulo (SP), quando viu uma mulher caindo no Rio Pinheiros. A moça, de 26 anos, atirara-se da ponte agarrada ao filho de 3 anos. Desesperado, Adriano "roubou" a moto de um motoboy que observava a cena, dirigiu na contramão pela avenida marginal e em pouco tempo estava entrando no rio escuro e poluído para salvar a criança (a mãe foi salva por dois homens não identificados). Adriano explicou aos policiais que, ao ver o menino debatendo-se nas águas, lembrou-se de seu filho. Seu gesto encheu de orgulho parentes e amigos, e o patrão lhe deu um gordo aumento de salário.

Para mais informações, acesse: http://www1.folha.uol.com. br/folha/cotidiano/ult95u129246.shtml

A MÃE QUE PROTEGE O BERÇO

Na tarde de 1º de março de 2007, um rolo compressor de 10 toneladas disparou por uma ladeira de Ubiratã (PR). Com quase quarenta anos de uso, a máquina, da prefeitura, teve um problema mecânico e não pôde ser controlada pelo motorista Mário Calcinoni: "Controlei ela no rumo da estrada, mas ela bateu em um buraco e desgovernou", disse ele. Ao perceber que a geringonça vinha na direção de sua casa, Vanderléia Carnielli pediu que seus três filhos pulassem pela janela, mas não teve tempo de retirar o caçula, de quatro meses. Quando o rolo compactador esmagou o telhado da casa e tudo veio abaixo, ela se jogou sobre o carrinho do bebê e o protegeu com seu corpo. Graças a esse gesto, a criança nada sofreu. Vanderléia foi encaminhada ao hospital com fraturas no rosto e no ombro.

Para mais informações, acesse: http://oglobo.globo.com/ pais/mat/2007/03/02/294786394.asp
Para mais informações, acesse: http://g1.globo.com/ Noticias/0,,PIO8889-5598,00.html

SOUZA DANTAS, O OSKAR SCHINDLER BRASILEIRO

No início dos anos 1940, o avanço das tropas nazistas aterrorizava a Europa e fazia muitos abandonarem o continente. O Brasil era um destino viável, mas o governo de Getúlio Vargas era contrário à entrada de judeus, comunistas e homossexuais. Desobedecer a essas orientações era perigoso. Porém, Luís Martins de Souza Dantas, embaixador brasileiro na França, movido, como ele próprio definiu, por um "sentimento de piedade cristã", emitiu tantos vistos quanto pôde – alguns sem carimbo e com datas falsificadas – e assim salvou cerca de 800 pessoas, entre elas o ator e diretor polonês Zbigniew Ziembinski. Enquanto outros diplomatas vendiam vistos, Souza Dantas, o Oskar Schindler brasileiro, jamais quis nada em troca. Quando insistiam em retribuir-lhe a boa ação, ele sugeria que fizessem uma doação à Cruz Vermelha.

Para mais informações, acesse:
http://veja.abril.com.br/140301/p_122.html

SOBRE OS AUTORES

Allan Zullo é um escritor de sucesso, autor de mais de oitenta livros. Ele cria e produz calendários desde 1989 e apareceu em centenas de programas de rádio e TV, incluindo Good Morning America, Today Show e Late Show with David Letterman. *Vive atualmente em Fairview, Carolina do Norte. Para mais informações sobre o autor, acesse o site www.allanzullo.com*

Mara Bovsun é editora de revista e jornalista freelancer co-autora de vários livros de não-ficção com Allan Zullo. Vive atualmente em Nova York.

Impressão e acabamento:

Orgrafic
Gráfica e Editora
tel.: 25226368